Papa, maman,
ma nounou et moi

Collection « 1001 BB »
dirigée par Patrick Ben Soussan

Des bébés en mouvements, des bébés naissant à la pensée, des bébés bien portés, bien-portants, compétents, des bébés malades, des bébés handicapés, des bébés morts, remplacés, des bébés violentés, agressés, exilés, des bébés observés, des bébés d'ici ou d'ailleurs, carencés ou éveillés culturellement, des bébés placés, abandonnés, adoptés ou avec d'autres bébés, des bébés et leurs parents, les parents de leurs parents, dans tous ces liens transgénérationnels qui se tissent, des bébés et leur fratrie, des bébés imaginaires aux bébés merveilleux...

Voici les mille et un bébés que nous vous invitons à retrouver dans les ouvrages de cette collection, tout entière consacrée au bébé, dans sa famille et ses différents lieux d'accueil et de soins. Une collection ouverte à toutes les disciplines et à tous les courants de pensée, constituée de petits livres – dans leur pagination, leur taille et leur prix – qui ont de grandes ambitions : celle en tout cas de proposer des textes d'auteurs, reconnus ou à découvrir, écrits dans un langage clair et partageable, qui nous diront, à leur façon, singulière, ce monde magique et déroutant de la petite enfance et leur rencontre, unique, avec les tout-petits.

Mille et un bébés pour une collection qui, nous l'espérons, vous donnera envie de penser, de rêver, de chercher, de comprendre, d'aimer.

Le catalogue de la collection comportant un index des auteurs, des titres et des thèmes abordés est disponible gratuitement chez l'éditeur :
Éditions érès, 11 rue des Alouettes, 31520 Ramonville Saint-Agne,
tél. 05 61 75 15 76, fax. 05 61 73 52 89
e.mail : eres@edition-eres.com
www.edition-eres.com

Papa, maman, ma nounou et moi

Patricia Denat

1001 BB - Bébés au quotidien

érès

Conception de la couverture :
Corinne Dreyfuss
Réalisation :
Anne Hébert

ISBN : 978-2-7492-0850-3
ME - 2000

11 rue des Alouettes, 31520 Ramonville Saint-Agne

Avant-propos

Ce métier, je l'ai choisi un peu par hasard, comme beaucoup peut-être, à la suite de la naissance de mes enfants : il faut reconnaître qu'il est idéal pour une jeune maman de travailler tout en étant présente pour sa famille.

Puis je l'ai découvert, et je l'ai aimé ! Tout, chez ces petits bonshommes, suscitait de l'intérêt : leurs attitudes, leur extraordinaire faculté à apprendre, à s'adapter, à se construire. Très vite, ils sont devenus pour moi beaucoup plus que de charmants poupons à câliner, mais de vraies petites personnes, avec un caractère bien affirmé, et un besoin insatiable de relation, d'amour, et de considération.

On n'a jamais fini d'apprendre à un tout-petit, tout est à découvrir, au quotidien, à des rythmes différents, dans le plus grand respect de leur histoire, de ce qu'ils sont et de ce dont ils ont besoin.

Dans cette profession, c'est sans aucun doute le relationnel qui domine, avec l'enfant bien sûr, mais aussi avec ses parents. Eux aussi ont des besoins, des inquiétudes, des angoisses parfois.

Plus la relation sera bonne avec les parents, plus elle sera basée sur la confiance, meilleur en sera le bien-être de l'enfant.

Notre métier dépasse de loin la « garde » de l'enfant : on fera partie à part entière de sa vie les trois premières années, on jouera donc un rôle important dans son développement à tous les niveaux, et pour optimiser notre travail, on devra établir une véritable relation avec ses parents, apprendre à communiquer avec eux en tenant compte de leur personnalité, de leurs attentes, de leur culture, de leur « bien-être » dans cette démarche si difficile qui est celle de « laisser » leur tout-petit.

Cet ouvrage aborde les difficultés que peuvent rencontrer les parents, les enfants, et aussi les assistantes maternelles. Il se veut « formateur » et « informateur ».

Il peut être difficile, pour chacune des deux parties, d'appréhender l'autre dans la globalité de ses attentes et de ses craintes.

D'un côté de jeunes parents, pas toujours très à l'aise dans l'idée de confier leur bien le plus précieux à une personne étrangère ; dans cette démarche, ils deviennent des employeurs, sans en avoir forcément l'âme. Ils sont alors en droit d'exiger une qualité de service, mais n'osent pas toujours : ils sont « invités » à déposer et récupérer leur bébé au domicile de leur assistante maternelle ; elle les accueille avec ses propres exigences et ses propres règles ; comment définir précisément les limites de son rôle dans l'éducation de leur enfant ? Leur droit de regard dans ce lieu qui ne leur appartient pas ?

De l'autre, des assistantes maternelles qui souhaiteraient être considérées autrement que comme des « nounous », qui se sentent souvent isolées dans l'exercice de leur métier, et qui ne savent pas toujours appréhender les difficultés qui peuvent survenir avec les parents ou les enfants, par manque de formation le plus souvent.

Sans aucune prétention, j'ai tenté d'imaginer un idéal pour l'enfant et ses parents dans le choix de ce mode de garde.

Au travers de témoignages et de ma propre expérience, je soulève des sujets de réflexion parfois délicats, mais tellement importants, tels que notre responsabilité à l'égard des enfants, le malaise des assistantes maternelles dans cette profession encore sous-estimée, les « dérapages » de certaines d'entre elles, ou de parents parfois...

Je remercie les personnes qui m'ont apporté leur concours à la réalisation de ce livre. Peut-être auront-elles participé à une prise de conscience de ce qu'est cette profession tellement riche de rencontres et de vie, mais qui nous demande le plus grand sérieux du fait des responsabilités qu'elle induit.

La première rencontre

Un jour, maman et papa m'ont expliqué que nous allions rencontrer ma nounou, une dame très gentille avec qui ils avaient parlé au téléphone. Déjà elle s'était intéressée à ma petite personne et aux désirs de mes parents : « De combien de jours de garde avez-vous besoin ? À partir de quand ? Avez-vous un petit garçon ou une petite fille ? Quel âge a bébé ? Est-ce que c'est votre premier enfant ?... »

Pour elle, ces petites informations sont importantes, parce qu'elles donnent déjà une idée de mes besoins et de ceux de mes parents.

Lorsque je l'ai rencontrée la première fois, la porte s'est ouverte sur un grand sourire et un bonjour enjoué à l'adresse de mes parents, puis un « bonjour bébé » tout doux pour moi.

Après nous avoir installés confortablement au salon, ma nounou s'est adressée directement à moi, en se mettant à ma hauteur : « Mais c'est que tu es un beau bébé ! Alors c'est toi

Théo ! Moi, je m'appelle Patou. Tu vois, je m'occupe de bébés comme toi, pendant que papa et maman travaillent… »

Même si je suis tout petit, et que je ne comprends pas tout, je suis attentif. Je perçois peut-être qu'il se passe quelque chose, et puis on me parle à moi, c'est normal puisque je suis le premier concerné !

Nous avons alors fait plus ample connaissance. Ma nounou s'est présentée : « Eh bien voilà, moi je suis Patou, pour les bébés, et aussi pour les parents (papa et maman sourient déjà, ils se sentent sans doute plus proches de cette dame qu'ils peuvent appeler par son prénom) ; je garde des enfants depuis quinze ans, et j'aime beaucoup mon métier. Voici mon mari et mes enfants, qui ont parfois un peu de temps à partager avec les bébés… » Même si c'est une brève rencontre, c'est important pour mes parents d'avoir un contact avec les personnes que je serai amené à voir un peu tous les jours.

Ensuite, ma nounou a parlé avec mes parents, de moi bien sûr : « Alors, racontez-moi, comment est-il ce bébé ? Ça se passe bien ?… » Maman et papa sont fiers de raconter que je suis sage, que je mange bien, ou que je réalise déjà de petits exploits. Puis tout doucement, elle a abordé le sujet sensible : « Alors, le temps est venu pour vous de reprendre le travail, ce n'est pas trop difficile ?… »

C'est là un moment un peu délicat. Généralement, maman n'a pas du tout envie de me laisser, surtout si je suis tout petit, elle a un peu l'impression que c'est elle qui devrait s'occuper de moi, elle a besoin que l'on comprenne sa réticence, et besoin d'être rassurée. C'est peut-être le cas pour mon papa aussi, même s'il le montre moins.

Ma nounou leur a alors parlé de ce que vivaient les enfants chez elle : leur petite vie à eux, avec leurs copains, qu'ils sont contents de retrouver pour jouer. Une petite vie un peu calquée sur celle qu'ils ont déjà à la maison.

Tous les soirs, elle prend le temps de bavarder avec les parents : il s'agit bien sûr de raconter comment s'est passée la journée, si bébé a bien mangé, bien dormi, et les petites anecdotes qui ne manquent pas. Les parents partagent ainsi d'une certaine façon le quotidien de leur enfant, et profitent deux fois plus de leur petit bonhomme le soir et le week-end.

Quelquefois, quand les mamans sont trop angoissées les premiers temps, ma nounou veut bien qu'elles appellent une fois ou deux dans la journée pour se rassurer.

Elle explique aussi qu'avec l'aide des parents elle apprend très vite à connaître les bébés, et au fil des jours, ils s'adaptent sans problème. Elle essaie de suivre leur évolution avec eux, en fonction de ce qu'ils désirent pour leurs repas, par rapport à leurs changements d'habitudes, et aussi leur éducation.

Son travail consiste à s'occuper des petits dans ce cadre, à leur donner des câlins chaque fois qu'ils en ont besoin, à les aider à grandir et à s'épanouir, avec toutes les joies et les contraintes qui feront partie de leur vie. Elle peut aussi parfois donner des conseils, parce qu'elle a l'habitude et qu'elle est entourée, dans son métier, de professionnels qui peuvent répondre à ses questions dans des situations plus délicates.

On a ensuite visité la maison. Mes parents ont pu voir où sont changés les bébés, et dans quelles conditions. La table à langer, installée tout près du point d'eau, permet de les laver sans avoir besoin de s'éloigner, les couches et les produits sont rangés dans un placard à portée de main, et quelques jouets traînent autour pour les bébés impatients. En grandissant, ils apprennent à être sages le temps de changer la couche, et à profiter de ce moment à deux avec leur nounou pour des échanges rien qu'à eux.

Dans les chambres (chez ma nounou, chacun a sa chambre pour mieux dormir à son rythme et dans le calme), il y a une peluche dans chaque lit, un repère qui devient vite important aux yeux des enfants. Elle a aussi évoqué les endroits où l'on joue, où l'on va se promener, les activités et les découvertes que l'on partage, elle propose d'ailleurs de regarder quelques photos des copains, qui ont l'air de bien s'amuser en préparant leur gâteau, ou en se barbouillant de peinture… C'est ainsi beaucoup plus facile pour mes parents d'imaginer mes futures journées.

Restait à aborder des questions beaucoup plus pratiques, mais importantes pour les grands : le contrat. Mes parents seront plus à l'aise si ce contrat est clair, si l'on prend le temps de répondre à toutes leurs questions. Ma nounou a pris soin de s'informer sur les textes de loi, les conventions, les aides… Elle a fait des copies de tous les documents importants, et établi un contrat vierge ainsi qu'une fiche de tarifs détaillés. Mes parents vont pouvoir consulter ces informations à la maison, à tête reposée ; ils pourront toujours téléphoner à Patou s'ils ont des questions.

Ma nounou n'insistera pas trop sur ce premier rendez-vous. Elle ne perd pas de vue que c'est simplement un contact, et que mes parents auront sans doute besoin de se retrouver pour échanger leurs impressions. Elle les met d'ailleurs à l'aise à ce sujet, et leur conseille de prendre le temps de réfléchir, voire de continuer leurs recherches s'ils ne sont pas sûrs d'eux, et de la contacter seulement ensuite pour l'informer de leur décision, quelle qu'elle soit.

En attendant, elle promet de leur garder une disponibilité, elle les rappellera au besoin si elle avait une autre demande.

Il est souvent proposé un délai de réflexion, mais avec une date butoir, de manière à pouvoir répondre à d'autres demandes lorsqu'elles se présentent.

Après un temps de réflexion, mes parents ont repris contact pour confirmer leur souhait de me confier à Patou.

Ma nounou leur a exprimé sa joie d'accueillir leur bout de chou, et a proposé une deuxième rencontre, avec l'un de mes parents ou les deux, pour papoter autour d'une tasse de café, à propos de mes habitudes, de ce que j'aime, ou encore récupérer le contrat, les fiches de santé, les autorisations qu'ils auront signées…

Cette nouvelle rencontre devrait être plus détendue que la première, on prendra le temps de parler de choses plus personnelles, de jouer un peu. Ma nounou me prendra dans ses bras, me donnera peut-être le bibi si maman a envie… Tout doucement, on commencera à parler plus concrètement de l'avenir et de cette date « fatidique » où je resterai sans mes parents.

On abordera alors la période d'adaptation.

Une nounou, c'est aussi un peu une famille

« Chez la nounou de ma petite fille, on est heureux d'être accueillis par une "famille". Son mari prend le temps de papoter avec nous parfois le soir, il se fait un plaisir de jouer avec les bébés à l'occasion, et même ses propres enfants participent volontiers aux petits événements de l'année, marqués sans faute pour nos petits diables, en aidant à la fabrication des décorations, en prenant des photos... C'est tellement moins impersonnel que ce que me racontent mes collègues de travail ! »

Un certain nombre d'assistantes maternelles, ou même de parents, ont témoigné de leurs difficultés à aborder différents problèmes lorsque les relations sont devenues trop familières. Il est d'ailleurs conseillé de garder une certaine distance avec les parents qui restent malgré tout nos employeurs.
Pour l'assistante maternelle, il est vrai aussi que l'impact du dialogue sera différent selon que les problèmes seront abordés avec un regard de professionnelle ou un regard d'« amie ».

« J'attache beaucoup d'importance au fait que mon mari soit partie prenante du choix de ma profession : c'est un véritable bonheur pour lui de retrouver les petits le soir, de partager quelques jeux, quelques taquineries, et les enfants lui rendent bien l'intérêt qu'il leur porte. Il les connaît bien, aime à entendre raconter les petites anecdotes sympa de la journée, et tout naturellement, une relation s'est établie entre lui et les parents, qui apprécient. »

« Pour moi, ça n'a pas été évident, ma famille avait du mal à considérer que je travaillais, puisque j'étais à la maison toute la journée. Ils avaient avec moi les mêmes exigences et me demandaient la même disponibilité ; les journées me paraissaient surchargées, et il a fallu batailler pour leur faire comprendre que je n'avais plus autant de temps. Aujourd'hui ça va mieux : quand mes filles rentrent de l'école, on fait un bisou et elles s'occupent rapidement. Elles savent que dès que les enfants sont partis, je leur consacre du temps pour parler de leur journée, aider aux devoirs, et m'assurer que tout va bien. »

« On constitue une famille, avec une vie et une organisation qui nous sont propres. L'enfant que nous accueillons doit, dans une certaine mesure, s'y adapter. Mais nous nous devons d'intégrer sa présence et ses besoins. Avec du dialogue avec nos proches et un peu d'organisation en plus, tout doit bien se passer. »

« Mon mari considère que garder les enfants, c'est mon travail ; il s'occupe donc dans son coin quand il est à la maison, et évite de rencontrer les parents. Il me demande de faire en sorte de ne pas prolonger les temps de départ, et nous nous retrouvons seulement ensuite. »

Le contrat, c'est important

 « Les parents s'interrogent souvent sur ce que représente cette indemnité d'entretien journalière. J'ai alors eu l'idée de préparer pour le premier entretien un détail approximatif de tout ce qu'elle peut inclure et une fiche de tarifs. » (Annexe 2)

 « J'avais essayé d'établir les termes du contrat avec soin, en essayant de prévoir tous les cas de figure, pour ne pas avoir à y revenir ensuite. Tout se passait bien avec mes employeurs jusqu'aux derniers changements de la convention collective. Les modifications entraînaient un surcoût conséquent pour les parents :

- l'indemnité d'entretien passait pour moi de 1 euro à 2,65 euros ;
- l'heure supplémentaire commençait à la dixième heure de garde au lieu de la onzième.

Un de mes employeurs me confiait son enfant onze heures par jour sur cinq jours, et subissait donc une augmentation mensuelle d'environ 100 euros. J'étais mal à l'aise de leur imposer une telle différence, et je leur ai donc proposé d'augmenter les indemnités d'entretien, mais de ne pas compter les heures supplémentaires.

Dès lors, mes conditions de travail ont commencé à se dégrader : les parents se retardaient pratiquement systématiquement, parfois sans avertir, ou en téléphonant dans la journée : "J'ai oublié de te dire que j'avais besoin de te laisser bébé une heure de plus ce soir, j'ai un rendez-vous". Ou encore à l'heure où ils auraient dû récupérer l'enfant : "J'arrive, je pars de mon travail à l'instant."

Si je fixais un rendez-vous malgré tout, en leur demandant une semaine à l'avance de ne pas se retarder ce soir-là, ils oubliaient.

Bien sûr, c'était très difficile à vivre ; j'ai essayé maintes fois de leur expliquer que ces retards répétés gênaient mon organisation personnelle, ils s'excusaient mais ne changeaient pas pour autant de comportement.

J'ai décidé malgré tout de m'en tenir aux engagements que j'avais pris, mais j'ai subi cette situation pendant huit mois. Quand l'enfant a été scolarisé, j'ai été soulagée, mais je ne garderai pas le petit frère ! Et à l'avenir, je ne proposerai plus ce type d'arrangement et m'en tiendrai aux textes de loi, dommage ! »

Le premier entretien, c'est la première image

« Notre entretien a principalement été axé sur le contrat. Nous avons été reçus dans la pièce de vie, la nounou nous a montré une salle de jeux aménagée pour les enfants. Tout cela nous paraissait séduisant, mais la rigueur de l'entretien ne nous invitait pas à poser trop de questions. Un cadre défini se présentait à nous : nous arrivions à 8 h 30 le matin, le départ du soir était prévu à 17 h 30, les congés seraient arrêtés au 31 janvier, les enfants joueraient dans la salle de jeux, dans le jardin, et feraient quelques promenades...

Cette dame paraissait sûre d'elle, expérimentée, et nous avons signé le contrat en nous disant que les relations seraient plus détendues au fur et à mesure du temps.

Pourtant, après quelques mois, nous ne nous sentions toujours pas à l'aise dans ce mode de garde ; les dialogues du soir étaient toujours très succincts, voire expéditifs, nous avions un bref compte rendu de la journée, et nous sentions que nos questions gênaient.

Dans ce climat, ce n'est qu'au bout de quatre mois que j'ai osé demander à voir où dormait ma fille : d'un air pincé, la nounou m'a conduite jusqu'à la chambre, m'a demandé si j'étais satisfaite, et m'a aussitôt raccompagnée à la porte.

Au bout de quelque temps, nous sommes arrivés à une rupture de contrat. »

 « Notre premier entretien était très sympa. Nous avions en face de nous une personne détendue, souriante et motivée. La maison était un peu en désordre, mais nous avons perçu cela comme un lieu de vie animé, ce qui n'était pas sans charme. Lorsque nous avons demandé à voir où dormirait notre enfant, nous avons eu la surprise de découvrir une petite pièce qui ressemblait davantage à un réduit qu'à une chambre, sans fenêtre, encombrée de sacs-poubelle, de vélos, et autres objets hétéroclites, derrière lesquels apparaissait un lit pliant. La nounou nous a bien sûr "rassurés" en expliquant qu'elle allait débarrasser, mais le charme était rompu ! »

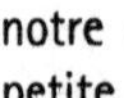 « Lors de notre premier entretien, notre assistante maternelle n'avait pas insisté sur ce qu'elle proposait aux

enfants durant la journée : "On va se promener, et puis ils jouent... Vous savez, ils n'ont pas besoin de nous pour ça !" nous avait-elle répondu. On aurait pu s'en offusquer, mais on avait aussi remarqué l'attention toute particulière qu'elle portait à notre enfant, ce sentiment spontané qui l'amenait à lui parler tout naturellement, à lui sourire, à le prendre dans ses bras... "Moi, je me régale !" disait-elle.

Il est vrai qu'elle ne leur propose pas d'activités si ce n'est les promenades quasi quotidiennes, mais nous n'avons jamais regretté notre choix. Elle aime les petits, c'est évident, elle les entoure d'affection, elle les gronde si nécessaire comme elle le fait avec les siens, on peut dire que notre enfant a une "deuxième famille", et on en est très heureux ! »

 « Lorsque nous sommes arrivés chez cette assistante maternelle pour notre première rencontre, nous l'avons vue sortir sur le pas de la porte, et nous avons été surpris de constater qu'elle ne nous proposait pas d'entrer. Elle nous a rapidement demandé le nombre de jours de garde dont on avait besoin, nous a expliqué qu'elle avait une place libre pour le moment mais que, vu la demande, il ne fallait pas tarder à se décider, et que chez elle le tarif journalier était de 30 euros. Nous n'avons pas insisté, et sommes rentrés chez nous en attendant le rendez-vous de la nounou suivante. »

Raconter, c'est créer des liens

« Pour tous les enfants, j'ai instauré un petit cahier personnel, où je note les petites anecdotes qui les concernent, les dates des événements importants, j'y colle quelques photos, leurs dessins, que l'on peut voir évoluer avec le temps, et je le remets aux parents lors du départ définitif de l'enfant : c'est une réelle joie pour eux d'avoir une trace de la vie de leur bébé chez moi. »

« Chez notre assistante maternelle, les départs sont généralement rapides, notre enfant étant le dernier parti, et à une heure assez tardive. Nous savions que ce serait ainsi dès le départ, et cela ne nous gêne pas dans la mesure où elle prend quand même le temps de nous signaler les petits événements particuliers lorsqu'il y en a. De plus, on peut malgré tout convenir d'un soir pour parler plus longuement si nous en ressentons le besoin. »

Accueillir un enfant, c'est aussi respecter ce qu'il est

« Je n'étais pas très sûre de moi et j'avais demandé un deuxième entretien avec cette nourrice. Je suis arrivée dans la matinée, et j'ai donc pu la voir travailler avec les enfants : un petit garçon de 2 ans et une petite fille de 16 mois. L'assistante maternelle m'a parlé de sa façon de faire avec les enfants, et de ces petits qu'elle avait en garde : aucun souci avec le petit garçon. La petite, elle, était d'origine indienne... Le papa était très gentil, mais il avait de "drôles de coutumes", comme cette manie de faire porter à son enfant des bracelets en tissu qui signifiaient on ne sait trop quoi (pourquoi ne pas avoir posé la question ?)... D'ailleurs, très sûre de son fait, elle les lui enlevait pour la journée...

Mon mari est d'origine arabe, nous souhaitons d'un commun accord que notre fils ne mange pas de porc : ce manque de respect par rapport aux demandes des parents, ce manque d'ouverture d'esprit m'a choquée, et j'ai continué mes recherches. »

 « La nounou de mes enfants était marocaine, mais elle a toujours fait preuve d'un grand respect pour la culture de mes enfants. Pendant le jeûne du ramadan, elle pratiquait ses prières, les enfants jouaient autour d'elle, lui montaient sur le dos, et elle tolérait cette joyeuse pagaille avec beaucoup d'amusement.

À la fin du ramadan, elle était heureuse de faire participer les petits aux préparatifs de la fête, de leur faire goûter les plats typiques, de les faire danser sur des musiques traditionnelles... Mes enfants en ont gardé un merveilleux souvenir ! »

L'environnement de bébé, c'est important

 « Chez cette nounou, le cadre nous paraissait bien : tout était d'une propreté irréprochable, elle s'organisait de manière à effectuer ses tâches ménagères en l'absence des

enfants, ce qui lui permettait d'être très disponible pour eux. Mais lorsque nous lui avons demandé si elle fumait, elle nous a avoué fumer en moyenne un paquet de cigarettes par jour, tout en nous assurant ne jamais le faire en présence des enfants. Mais comment imaginer qu'elle puisse fumer deux cigarettes par heure en moyenne, et toujours hors de portée des bébés ? Même en se disant qu'elle peut être seule sur les deux heures de sieste... Donc, soit elle laisse les enfants seuls pour sortir fumer, soit elle fume à la fenêtre, ce que nous n'appelons pas être disponible pour les enfants, sans compter le manque de confort si la fenêtre est ouverte l'hiver. Nous avons donc préféré renoncer. »

« Notre assistante maternelle habite un petit appartement, dans un ensemble de béton pas très sympathique au premier abord. Mais les enfants sortent chaque jour, acheter le pain, se promener au parc voisin, à la piscine pour des jeux d'eau au petit bassin, sous haute surveillance, pour des rencontres avec d'autres assistantes maternelles et leurs petits... Toutes ces sorties élargissent son environnement, il est toujours très content des projets de la journée. »

Nounou,
N'oublie pas de faire signer à papa et maman une autorisation ponctuelle chaque fois que tu envisages une sortie particulière, la piscine par exemple.

Parents,

Le confort et la santé de votre enfant sont deux points importants qui doivent être pris au sérieux par votre assistante maternelle, alors n'hésitez pas à évoquer la question du tabagisme, même s'il est théoriquement interdit de fumer dans cette profession.

Fumer en présence d'un enfant entraîne :

– une irritation du nez et de la gorge ;

– une fréquence accrue des rhinopharyngites et des otites ;

– un plus grand risque de crises d'asthme et d'infections respiratoires telles que la pneumonie et la bronchite ;

– une faible mais significative diminution du développement du poumon ;

– une augmentation du risque de mort subite chez le nourrisson.

(Publication de l'assurance maladie et de l'Institut national de prévention et d'éducation pour la santé.)

Parents,

Chez son assistante maternelle, votre enfant évoluera dans un cadre qui sera le sien jusqu'à cinq jours par semaine. Il est donc important et normal que vous puissiez voir les espaces de jeux, ainsi que les lieux où le bébé pourra se reposer. Vous devez adhérer à ce cadre, vous y sentir bien vous-mêmes : c'est votre enfant qui passera là ses journées, et c'est à vous de décider si c'est ce que vous souhaitez pour lui.

☞ Assistantes maternelles,
Ne perdez pas de vue que les parents sont relativement angoissés à l'idée de confier leur bébé à une personne inconnue. Sur ce premier entretien, ils seront attentifs à la personne qu'ils ont en face d'eux, mais aussi à l'environnement, et c'est bien normal. Ils souhaitent pour cet enfant que son cadre de vie soit un minimum chaleureux, douillet et rassurant. Il est important de prendre le temps de les recevoir, d'aborder toutes ces questions, et de se préparer un minimum à cet entretien.
Il est vrai que le fait de travailler chez vous implique que vous introduisiez des personnes étrangères dans votre foyer, et c'est parfois délicat, mais ce foyer sera aussi en partie celui de cet enfant pendant les trois premières années de sa vie. Il doit s'y sentir à l'aise et bien accueilli, et obligatoirement ses parents aussi.
Cette première étape franchie, les parents sont généralement reçus dans la salle principale, et l'intimité de la famille est ainsi respectée au mieux.
Quant au départ du bébé, il est nécessaire d'y consacrer un minimum de temps. Bien sûr, les informations essentielles doivent être transmises, mais les parents auront plaisir à ce qu'on leur raconte une anecdote, une petite nouveauté... Ces instants de partage de la vie de l'enfant feront de cette relation quelque chose de moins formel, et de bien plus agréable. Si les horaires du soir sont trop « serrés » par rapport à votre organisation, c'est une question que vous pouvez aborder lors de ce premier entretien, tout en douceur, en proposant par

exemple un cahier de liaison, où vous noterez les moments essentiels de la journée, pour compenser ce temps que vous ne pouvez leur accorder. Et, ponctuellement, pourquoi ne pas prévoir un moment de dialogue plus approfondi ?

Il est agréable, quand on peut, d'avoir des conversations plus « ouvertes » avec les parents. Cette relation, qui va durer en principe deux ou trois ans, n'en sera que plus détendue, on apprend ainsi à mieux se connaître, les échanges sont plus riches, et peut-être les parents auront-ils moins l'impression de passer à côté de cet aspect de la vie de leur enfant.

Mon adaptation

Nous sommes tous différents, nous les bébés, et nos parents aussi. D'habitude, cette période d'adaptation se déroule sur une semaine. Pour mieux la définir, ma nounou va essayer de mieux me connaître, elle va parler avec mes parents de ce que je préfère ou de ce que je n'aime pas, de la meilleure manière pour eux de me calmer quand ça ne va pas, de mes rituels pour aller au dodo, de mon comportement dans les moments où je suis éveillé, et avec les autres… Cette discussion ouverte sera aussi une occasion pour mes parents de parler de ce qu'ils souhaitent pour mon éducation, de leurs incertitudes…

Ma nounou orientera la discussion sur tous ces points qui sont si importants pour eux, elle saura écouter, respecter des points de vue peut-être différents, ou au contraire présenter une autre façon de voir, d'autres idées, en fonction de sa propre expérience, et quelquefois de ses convictions personnelles… Ce moment sera primordial pour moi, parce que mes parents et ma nounou établiront ainsi d'un commun accord les « trames » de ma petite vie.

Si tout va bien et qu'il n'y a pas trop d'angoisse ou de souci particulier, la période d'adaptation commencera par un temps de présence d'une heure environ. Maman restera une vingtaine de minutes, plus si nécessaire, pour que la transition se fasse tout en douceur, puis elle me laissera, le temps de faire une petite course. Ainsi, ce ne sera pas trop long pour une première fois sans elle, que ce soit pour elle ou pour moi, et j'en profiterai pour papoter avec ma nounou et refaire le tour de la maison, manière de me familiariser tout doucement avec mon nouvel environnement.

Notre deuxième étape sera un peu plus longue, 1 h 30 au moins. Là aussi, maman prendra son temps pour me laisser, et je goûterai avec ma nounou, ce qui nous permettra de partager un petit moment plus convivial.

Le troisième jour inclura un dodo et un goûter sur une petite demi-journée.

Pour le jour suivant, je resterai également une demi-journée, mais en prévoyant le repas, et mon adaptation se terminera par une petite journée qui ressemblera à une journée de travail pour mes parents, mais en plus court.

Mais maman est un peu angoissée, il lui semble que tout ça est un peu trop rapide. Ce n'est pas grave, la période d'adaptation est importante pour mes parents aussi bien que pour moi, on peut donc l'étaler sur une quinzaine de jours, peut-être en prévoyant des plages de temps où maman pourrait rester avec moi chez ma nounou. Ça lui permettrait de partager avec nous nos jeux, les moments de changes et de repas : cet échange est intéressant parce qu'il permet aussi à ma nounou de mieux me connaître en m'observant avec ma maman, de mieux percevoir ce à quoi je suis sensible, la manière dont on me parle, ce qui me fait sourire… On peut également aborder des sujets plus personnels sur des expériences vécues par exemple, que ce soit pendant la grossesse, ou avec l'entourage qui a déjà des enfants… Cette façon de communiquer moins formelle aidera sans doute ma maman à se détendre, à avoir un regard différent sur son assistante maternelle, et inversement.

Un climat de confiance peut s'installer petit à petit, et voilà maman rassurée !

Assistantes maternelles,
Ne négligez pas cette période d'adaptation, restez vigilantes quant aux réactions et aux angoisses des parents, n'oubliez pas qu'eux aussi ont besoin de s'adapter à cette nouvelle situation.
Mme L., psychologue pour enfants, précise que « cette adaptation n'est pas qu'une adaptation à des périodes de séparation de plus en plus longues, mais plutôt un temps suffisamment long pour que l'enfant crée de nouveaux repères chez son assistante maternelle *en présence de sa mère* ». (Lorsqu'on accueille un enfant qui marche, on peut considérer que l'adaptation est en cours quand l'enfant s'éloigne et échappe au regard de sa mère.)

« J'avais une maman particulièrement angoissée, au point de m'appeler en fin d'après-midi pour que je puisse lui dire comment s'était passée la journée, ce que je n'aurais pourtant pas manqué de faire avec le papa. Mais elle avait besoin qu'on le lui dise *à elle*… Pour la rassurer, je rédigeais rapidement un petit mot rigolo, comme si c'était le bébé qui parlait à sa maman : "Petite maman, ma journée a été super, je n'ai pas beaucoup dormi (1 h), mais j'avais tant de choses à faire... J'ai bien mangé et même si je suis moins charmant ce soir parce que je suis fatigué, j'ai été souriant et adorable." La solution était toute trouvée, mais elle m'appelait toujours le matin quand c'était papa qui déposait bébé pour me dire comment s'était passée la nuit, même si papa ne manquait jamais à son devoir d'information, bien sûr ! Eh oui ! Je n'avais aucune excuse pour oublier les recommandations ! Mais ça suffisait à ce que cette maman se sente bien, et ça ne me coûtait que quelques minutes. »

L'accueil du matin

Les choses sérieuses ont commencé, et aujourd'hui est réellement mon premier jour ! Je sens bien que maman est un peu tendue, et peut-être que je ne suis pas très rassuré non plus.

Mais derrière la porte, nous retrouvons le même sourire, et ce sera pareil tous les jours suivants, c'est mieux pour maman de laisser son bébé à quelqu'un qu'elle sent disponible et de bonne humeur.

Ce temps d'accueil est généralement un peu rapide parce qu'on est toujours un peu pressés le matin. Mais nous prenons quand même le temps de vérifier qu'il n'y ait rien de particulier, que la nuit a été bonne, et peut-être qu'on parlera de nos projets pour la journée. Maman est contente de savoir que je vais aller me promener, ou faire des activités avec les copains.

Après que maman m'a dit « au revoir », parfois plusieurs fois parce que c'est quand même un peu difficile de partir, me voilà tout prêt à commencer cette journée si importante pour moi. J'ai besoin de prendre le temps de regarder autour de moi, de voir évoluer mes nouveaux copains, et ma nounou me garde dans ses bras un moment.

Quand elle me sent prêt, elle s'assoit avec moi sur le tapis, on prend quelques jeux autour de nous, elle explique aux copains qu'il faut être gentil avec moi parce que ma maman me manque et que je ne suis pas très rassuré, et tout ce petit monde se met à ma portée, je suis ravi !

Tout au long de cette première journée, et les premiers temps, ma nounou va être très attentive à mes réactions, à mes besoins… Elle aussi me découvre, et elle sait que c'est au début que l'on établit les meilleures bases, si on se donne le temps. Très vite, je deviendrai plus confiant et ce nouveau cadre fera partie intégrante de ma vie.

Accueillir bébé, c'est commencer sa journée de travail avec lui

« Lorsque nous arrivions chez la nourrice le matin, elle terminait son ménage, les fenêtres étaient grandes ouvertes, et le froid qui régnait dans la pièce n'avait rien d'accueillant ! J'aurais tellement voulu que mon petit bonhomme, qui sortait tout juste de son lit, retrouve un petit nid douillet pour commencer sa journée ! »

« Chaque matin, notre assistante maternelle nous accueille avec le sourire et un bonjour enthousiaste. Ses premiers mots sont toujours pour P. : "Bonjour petit P., ça va ? Tu as fait un gros dodo cette nuit ?" Ou bien : "Ouh là là, tu as l'air fatigué ce matin, petit bonhomme ! C'est difficile ? Ce n'est pas grave, on va jouer un peu, et puis tu iras te reposer avec Doudou." Il me semble que, de cette manière, notre petit garçon va plus facilement vers elle, il commence sa journée à son rythme, et je pars rassurée. »

Les jeux

Au bout de quelques jours, j'ai déjà mes habitudes, et mes journées se déroulent sans problème.

Le matin, je prends toujours un peu de temps pour me « poser », et ma nounou me laisse libre d'aller et venir sur la première demi-heure, ou le temps d'accueillir les copains.

Ce n'est qu'après qu'elle propose des jeux ou des activités en fonction de mon âge et de mon humeur, et je suis ravi de découvrir plein de nouvelles choses.

Je suis souvent très disponible le matin, et on prend le temps de s'amuser et de sortir chaque fois que c'est possible. Ces moments sont très importants pour moi, ils vont me permettre de grandir en m'épanouissant à mon rythme, d'autant que tout ce que je fais de nouveau semble ravir les adultes autour de moi.

Je suis un tout-petit et je m'éveille doucement

Les tout premiers mois, mes journées sont surtout rythmées par mes repas et mes dodos. Pour le reste du temps, je m'éveille tout doucement au monde qui m'entoure. Un peu dans les bras de ma nounou : je suis ses allées et venues qu'elle commente pour moi, un peu dans le transat quand ma nounou est occupée, mais toujours dans un endroit où je peux voir les copains jouer ou les grands s'affairer.

Les moments du change sont des moments privilégiés pour moi, ma nounou prend le temps de faire ma toilette tranquillement, tout en me parlant, en me chantant de petites chansons à gestes que j'apprécie tout particulièrement, elle me stimule par des petits jeux, c'est un moment vraiment à nous.

Bébé est petit, mais il a déjà besoin de notre attention

« Les deux premiers mois ont été difficiles pour ma fille chez sa nounou. Elle pleurait beaucoup, et l'assistante maternelle m'assurait que je l'habituais trop aux bras et que j'étais responsable de ce comportement. Je ne savais que penser, mais j'étais très angoissée de la laisser en sachant qu'elle pleurait autant ; j'appelais dans la journée et j'étais désespérée d'entendre ses cris au téléphone ; lorsque je la récupérais le soir, c'était l'heure du repas chez la nourrice, tout le monde était à table, sauf mon bébé, qui criait encore, dans son transat, par terre dans un coin de la pièce.

Je ne supportais plus ces larmes, je me sentais dans l'impasse, et j'ai cherché une nourrice qui pourrait me rassurer en me disant que mon enfant pouvait profiter autrement de ses journées. »

« J'ai eu en garde un petit T., âgé de 5 mois, qui aimait particulièrement les bras et la compagnie ! Il a fallu lui apprendre à patienter et à jouer seul de temps en temps, les débuts n'ont pas été évidents. J'ai commencé à alterner les bras, le transat, et le parc, toujours près de moi pour qu'il puisse me voir. Je lui parlais très souvent, je n'hésitais jamais à me pencher sur lui dès qu'il râlait, je lui expliquais doucement qu'il fallait attendre un peu, je pouvais lui consacrer quelques secondes pour une petite chanson par exemple, sans pour autant le prendre aussitôt. J'ai eu droit à quelques épisodes de larmes malgré ma présence, mais avec le temps, il a su jouer ou patienter plusieurs minutes sans réclamer.

C'est aujourd'hui encore un petit garçon "demandeur" malgré ses 9 mois et une relative autonomie, mais il est coquin à souhait, gracieux comme on les aime, il sait parfaitement jouer tout seul et il n'a fallu qu'un mois d'efforts et de patience pour ce bébé épanoui ! »

« Je garde trois enfants, et je n'ai pas toujours le temps de partager leurs jeux. Avec l'expérience, je me suis rendu compte qu'il suffit souvent de s'asseoir quelques minutes avec eux, pour commencer un jeu de construction par exemple, pour qu'ils trouvent un intérêt différent à cette activité. Les voilà alors partis pour jouer une vingtaine de minutes, voire plus, sans plus faire attention à moi. Sur les journées où j'ai le moins de temps, j'interviens ainsi de manière aléatoire pour "lancer" un nouveau jeu, et ça marche ! Rien n'empêche bien sûr de leur consacrer plus de temps pour des activités plus élaborées ou de super-promenades chaque fois que possible. »

Je deviens plus actif

À partir du cinquième mois, je commence à attraper des objets, et je passe un peu plus de temps dans mon parc, où je peux être allongé confortablement avec des jouets tout autour, des mobiles au-dessus de moi, ou à plat ventre sur mon tapis d'éveil qui stimule mon sens du toucher et mon attention par ses multiples couleurs et activités.

Dès que je me tiens assis, mon autonomie grandit, je peux mieux attraper mes jouets et les manipuler, et j'ai à ma disposition toute une variante de jouets : des livres en tissu, des cubes, des bouliers, des tableaux d'activités, des balles de couleur…

En plus de mon parc, j'aime bien aussi jouer sur une couverture, entouré de coussins : je peux ainsi mieux percevoir ce qui se passe autour de moi. De temps en temps, ma nounou m'interpelle, prend le temps de me proposer un nouveau jouet qu'elle « découvre » avec moi, et je suis très content car je n'aime pas me sentir seul dans mon coin.

Grâce à ma chaise haute, j'assiste aux activités des copains, je partage mes repas avec eux, et, très vite, je fais même le clown comme eux (vers mes 7-8 mois).

C'est une période parfois délicate, ou je peux faire preuve d'impatience : comment ne pas se sentir frustré alors qu'il y a tant à découvrir, et que je suis dépendant de la bonne volonté et du temps de ma nounou ! D'ailleurs, je me manifeste davantage pour essayer d'avoir les bras de ma nounou qui a la chance de pouvoir beaucoup bouger, elle !

Il n'est pas toujours évident de m'occuper : je ne reste généralement pas bien longtemps sur un jeu, il faut donc renouveler souvent mes centres d'intérêt, et puis je n'accepte pas aussi facilement que l'on ne cède pas à mes demandes ; mais avec de la patience, on arrive quand même à passer de bonnes journées.

Enfin un peu d'autonomie !

Et enfin un jour, je marche à quatre pattes et là, c'est l'indépendance !

Je m'éloigne volontiers, car de nouveaux horizons s'ouvrent à moi, et je vais de découverte en découverte. Je suis maintenant plus à portée de mes copains, ce qui occasionne des échanges bien plus riches et plus intéressants, et je deviens très sensible à leur présence. Je manifeste désormais une véritable joie quand je les vois. J'apprends à me tenir debout en m'agrippant aux meubles, et c'est la période de tous les dangers. Je suis curieux de tout, je touche à tout, et rien (ou si peu de chose) ne saurait freiner mes expériences.

Pendant cette période, maman et nounou seront tentées de me faire profiter du trotteur, où je suis censé pouvoir évoluer rapidement et en toute sécurité. Mais attention à moi ! Je me mets en danger si vite ! Surtout s'il y a des escaliers à proximité…

Peut-être vaut-il mieux me laisser évoluer à quatre pattes chaque fois que c'est possible, sans me perdre de vue, et me mettre dans mon parc quand on est moins disponible pour moi, même si je ne suis pas d'accord.

C'est vrai que j'aime beaucoup moins mon parc maintenant, mais ma nounou m'y fait jouer quand même de temps en temps, quand elle sait qu'elle ne peut pas avoir l'œil sur moi, et aussi pour m'apprendre à me poser, et à attendre.

Au début, je manifeste vivement mon mécontentement, et je sais très bien montrer que je suis en colère, car je suis devenu plus exigeant, un vrai « petit tyran ». C'est que j'ai tant de choses à faire ! Mais elle ne cède pas, elle lève son doigt, m'explique qu'il faut patienter un petit peu, qu'on ne peut pas toujours faire comme on veut, et elle me donne un jouet.

Ce passage est un peu sensible pour moi. Je ne sais pas attendre, alors ma nounou va m'apprendre progressivement. Au début, elle me laissera râler deux ou trois minutes, et me tendra les bras en m'expliquant que ses occupations sont terminées et qu'elle peut s'occuper de moi. Puis elle me laissera patienter sur des temps de plus en plus longs, jusqu'à un quart d'heure environ, en me rappelant de temps à autre qu'elle a bientôt fini. Je finirai par comprendre qu'on ne m'oublie pas et je saurai m'occuper sur ces moments-là, sans protester.

Je manipule toujours autant, j'aime emboîter des cubes, j'ai à ma portée un minicoffre rempli de divers jouets qui sont renouvelés de temps en temps, et je peux m'occuper quelques minutes.

Petit à petit, j'accepte ces petites contraintes et je deviens plus sociable. Il est important, sur cette période, que papa, maman et nounou essaient d'avoir la même attitude, de façon que ce soit plus facile pour moi de m'adapter.

Heureusement, chaque fois que c'est possible, je retrouve ma liberté sous haute surveillance, dans la maison ou dans le jardin, et je suis le plus heureux des bébés !

D'après une étude dans une unité d'urgences pédiatriques, l'utilisation du trotteur est à l'origine de nombreux accidents domestiques. Cette incidence est à l'origine de son interdiction au Canada depuis 2004. De plus, il est évoqué le fait que son utilisation trop fréquente ne permettrait pas à l'enfant de travailler ses notions d'équilibre.

En France, certaines PMI l'autorisent avec modération, d'autres l'interdisent, alors n'hésitez pas à poser la question.

Aux alentours de mes 1 an, mon langage s'améliore, j'aime beaucoup les imagiers, mes jeux sont plus élaborés : je joue à cache-cache de manière très simple, je passe du temps à remplir et vider des boîtes, j'exerce ma motricité autant que possible… Et je participe aux activités comme un grand, ce dont je suis très fier ! Les journées se déroulent alors au rythme des saisons, des fêtes, et des petits événements de notre vie de bébé.

Sur les beaux jours, on profite un maximum de l'extérieur, que ce soit dans le jardin ou pour des promenades.

Avec l'été, c'est le grand retour de la piscine, une « grande » pour les plus grands, avec un minitoboggan, des balles, des récipients pour transvaser l'eau au gré de notre imagination, et une plus petite pour les plus jeunes qui prendraient des risques trop près de nous et de notre agitation.

Assistantes maternelles,
Assurez-vous auprès de votre PMI que l'usage de la piscine, même pour enfants, est autorisé : ce règlement peut varier d'un secteur à l'autre.

On peut trouver aussi dans le jardin une balançoire au sol, des ballons, des porteurs, des poussettes pour les poupées, des seaux…

Avant de sortir, ma nounou a prévu, pour ne pas avoir à nous quitter des yeux, d'installer sur la table du jardin nos biberons d'eau, les crèmes solaires, une crème pour les piqûres d'insecte, les serviettes, les couches, et les pots pour les plus grands.

Quelquefois, on organise des dînettes, ça, c'est génial ! Ma nounou nous donne la dînette, des morceaux de pain, des biberons d'eau, et on se régale à préparer des « repas » pour les poupées, que nous prenons soin de goûter. (Qui a dit que le pain mouillé, ce n'est pas fameux ?)

On aime jouer également à « je t'attrape », « lapins-chasseur » (ma nounou devient alors un chasseur, qui va toucher les petits lapins roses avec sa balle, c'est très excitant).

Quand on n'a pas de tout-petits avec nous, on peut faire du jardinage, et on adore ça ! Rien de plus épanouissant que de toucher la terre, la mettre dans des pots que l'on vide aussitôt après, planter des graines comme fait nounou, et arroser, c'est l'apothéose, surtout si après on a le droit de toucher la terre mouillée ! Il faut nous surveiller de près, dans ces moments-là, parce qu'on n'hésiterait pas à goûter de petites choses étranges et gluantes, ou à porter des cailloux à la bouche ou dans les trous de nez… C'est un peu éprouvant pour ma nounou, mais c'est tellement génial que ça vaut le coup !

Les promenades font également partie de nos plus grands plaisirs, et on essaie de les faire plutôt le matin pour éviter les grandes chaleurs : on va parfois au parc voisin, ou acheter le pain, que l'on prend plaisir à goûter sur le chemin du retour. Si l'occasion se présente, on va voir les animaux du cirque de passage, ou le petit âne du voisin. Quelquefois aussi, on va dans un champ où l'on peut galoper en toute liberté, cueillir des fleurs, jouer avec les cailloux…

L'hiver, les activités se font la plupart du temps à l'intérieur, mais on ne s'ennuie pas pour autant. On fait régulièrement :
– de la pâte à modeler ;
– de la pâte à sel ;
– du collage ;
– des gommettes ;
– de la peinture à doigts ;
– des dessins ;
– de la lecture : très tôt, j'ai accès aux livres, bien sûr adaptés à mon âge, et très tôt j'apprécie que l'on me montre, que l'on me raconte. Petit à petit j'aime profiter de ces moments de calme, d'intimité, et ma nounou propose des histoires régulièrement, souvent avant la sieste, ou en attendant les mamans. On n'hésite jamais à chercher dans notre « bibliothèque » pour commenter de petits événements, ou concrétiser des mots nouveaux ;

– de la gym parce qu'on a parfois besoin de se défouler et ça aussi, on aime beaucoup : ma nounou installe au milieu de la pièce des couettes et des coussins ; on peut s'ébattre sous sa surveillance, faire des galipettes avec son aide, et imaginer des jeux rigolos. Quand on est trop fatigués, on s'allonge avec elle et on raconte des histoires ;
– la préparation des repas de temps en temps : on s'installe alors sur nos chaises hautes avec notre dînette, et ma nounou nous donne de petits morceaux de légumes ou de fruits. C'est une occasion formidable de découvrir les couleurs, les odeurs, les goûts et les touchers différents ;
– la préparation de gâteaux ou de crêpes ;
– des activités à thème plus longues à réaliser (trois semaines environ) telles que :
  - la fête des papas et des mamans : nous avons très vite conscience du plaisir à préparer en secret, à offrir un cadeau à nos parents, d'autant que cette petite attention de notre part ne manque pas de les émouvoir,
  - la fête de Noël : on prépare des décorations pour chez nounou, mais aussi pour emmener à la maison, on raconte le père Noël, les cadeaux,
  - les anniversaires (de préférence après que papa et maman l'ont fêté), et ces jours-là sont particulièrement bien remplis : il faut préparer le gâteau, gonfler les ballons, peindre une guirlande, si on a le temps, en l'honneur du copain qui a grandi. Le goûter dure un peu plus longtemps que d'habitude : on chante des chansons, le héros de la fête souffle sa ou ses bougies, on lui offre un cadeau, puis on écoute de

la musique, et même on danse quelquefois quand on est inspirés ;

– parfois, des petites sorties sont organisées avec l'autorisation de papa et maman : on va alors à la bibliothèque découvrir de nouvelles histoires, ou à la ludothèque rencontrer de nouveaux copains et de nouveaux jeux, ou bien encore en forêt découvrir des trésors ;

– on a aussi entendu parler d'une association de nounous qui se retrouvent dans une salle une fois par semaine avec leurs bébés pour partager des activités et peut-être des idées. C'est une très bonne idée, il faut téléphoner à la mairie pour avoir les renseignements ;

– quelquefois, je réclame la télévision, la plupart du temps, elle fait déjà partie de mon environnement à la maison, et j'aime ça ! Mais nounou n'est pas toujours d'accord, et elle a des tas d'arguments pour ça :

- avant 3 ans, peu de programmes sont adaptés à mon âge,
- l'écran est excitant pour moi et mieux vaut ne pas m'y exposer avant les dodos, par exemple,
- c'est toujours mieux de s'installer devant la télé si nounou est avec nous pour commenter les images, et jouer un peu un rôle d'interface entre ce que je vois et ce que je perçois. Je suis petit et certaines images peuvent m'inquiéter, me choquer parfois, même dans les dessins animés,
- si nounou accepte, c'est pour une quinzaine de minutes, c'est suffisant à notre âge.

« Quand bébé ne s'exprime pas encore avec des mots, il est difficile de savoir ce qu'il perçoit... Il réagit le plus souvent à vos propres réactions : ce qui vous fera peur lui fera peur, ce qui vous choquera le choquera... »

Stéphane Clerget, pédopsychiatre

Tout au long de ces moments privilégiés, ma nounou est toujours plus ou moins près de moi, sensible à mon évolution et à mes besoins. C'est important pour moi qu'elle prenne des moments pour « réellement » jouer avec moi, que ce soit avec ou sans jouets, qu'elle me parle à propos des petites choses de mon quotidien, qu'elle maintienne les promenades qui sont une occasion de s'aérer et toujours source de découvertes, quel que soit mon âge, et, de toute façon, qu'elle ait toujours un regard sur moi, sur ce que je fais.

J'aime que l'on fasse attention à moi, que l'on m'encourage quand c'est un peu difficile, que l'on me félicite quand je fais des progrès. Tout ça n'empêche pas que j'apprenne à jouer seul de temps en temps, c'est bien aussi d'avoir ses petits moments à soi, c'est un peu comme ça que je gagnerai mon autonomie, que j'apprendrai à me sortir tout seul de situation parfois « cornélienne ». (Si vous croyez que c'est facile de récupérer un objet dans une boîte quand elle est fermée, ou de fouiller tout au fond d'un coffre pour attraper une balle vitale pour notre jeu !) Il en faut de la patience pour enfin devenir un petit bonhomme débrouillard !

Jouer, c'est intéressant si l'on communique aussi

« Cette dame était assistante maternelle depuis une vingtaine d'années. Elle adorait les petits et le leur montrait bien ! Pourtant, les journées lui paraissaient tellement longues parfois ! "Les activités, ce n'est pas mon truc...", me racontait-elle. Elle avait bien quelques jouets de base, réunis sur une couverture au milieu de la pièce, mais les enfants ne semblaient leur prêter aucune attention... Je me souviens de ce jour où je suis passée chez elle : je suis restée une petite demi-heure, et, pendant tout ce temps, une petite fille, âgée d'environ 18 mois, est restée contre la fenêtre, à regarder dehors... "Elle attend sa maman", m'a dit mon amie... »

« Lorsque je ne peux pas m'asseoir pour jouer avec les enfants, je le leur explique et je leur dis pourquoi ; je leur propose alors un jeu ou une feuille et des crayons en leur disant que j'aimerais beaucoup qu'ils réalisent pour moi une belle tour de toutes les couleurs ou un superbe dessin. En général, ils se mettent à l'œuvre bien volontiers, motivés à l'idée de me faire plaisir, et, bien sûr, je ne manque pas de jeter un coup d'œil à leur réalisation en les félicitant pour leur travail. Mes interventions orales suffisent généralement, et les petits s'occupent seuls pour des temps plus ou moins prolongés selon leur âge. »

Se retrouver, échanger, ça fait du bien

« Cette idée d'association, j'ai trouvé ça génial au début ! Une matinée par semaine qui nous changerait du quotidien avec les enfants, des échanges plus riches avec d'autres assistantes maternelles pour moi, avec d'autres enfants pour les petits que j'avais en garde...

Mais je me suis très vite rendu compte que les activités n'étaient pas très organisées, et cette matinée hebdomadaire finissait par devenir une réunion *pour* les nounous, qui avaient beaucoup de choses à se dire : des contrats si difficiles à établir, ces parents de mauvaise volonté, ces conditions de travail pas si faciles que ça..., pendant que les enfants jouaient entre eux, un peu livrés à eux-mêmes... Dommage ! »

« Notre association, c'est un véritable lieu de vie et d'échanges ! Les rencontres sont hebdomadaires. Une fois par mois, la réunion est consacrée aux assistantes maternelles, en dehors de leurs heures de travail : tout en dégustant un café, la discussion s'engage autour du calendrier des activités pour le mois à venir, les idées fusent, alimentées par des expériences personnelles, des articles relevés dans des revues ou des émissions consacrées à la petite enfance. Ces échanges sont agréables, constructifs et enrichissants.

Parfois, une assistante maternelle évoque une difficulté personnelle avec un enfant en garde ou avec ses parents : elle trouve alors un soutien moral, des conseils, des orientations, qui peuvent l'aider à solutionner son problème.

Les rencontres hebdomadaires suivantes sont consacrées aux activités planifiées, et c'est un vrai plaisir de partager ces moments avec les enfants, sans être pour autant isolée.

Ces sorties régulières coupent nos semaines, nous sommes toujours ravies de nous retrouver, et les parents de nos petits sont également heureux de savoir que bébé a retrouvé ses copains pour réaliser de vraies œuvres d'art. »

« J'étais ravie de me rendre à l'association d'assistantes maternelles de mon village une fois par semaine. Outre l'accès à des jeux différents pour les petits que je gardais, je pouvais avoir des discussions avec des personnes qui rencontraient les mêmes difficultés que moi, et les responsables nous apportaient soutien et conseils. Je me suis malheureusement rendu compte, lors de ma formation obligatoire, que, sur les conseils de cette association, j'exigeais des parents qui souhaitaient que je garde une place disponible pour leur enfant une somme que j'encaissais. Elle serait ensuite déduite de leur première mensualité, ou conservée s'il y avait désistement. Cette démarche me mettait mal à l'aise, et était souvent mal perçue, discutée, voire contestée par les parents.

Or, j'ai appris que ce n'était pas légal : "Le versement avant la naissance est sans base juridique..." (*Guide des assistantes maternelles*, avril 2005), et qu'il existait des solutions intermédiaires, plus acceptables pour les parents, telles que la formule de l'engagement réciproque (Annexe 6). Aujourd'hui, je vais toujours avec autant de plaisir aux permanences de cette association, mais j'essaie d'avoir un regard plus critique quant aux informations qui nous sont communiquées. »

« Un relais d'assistantes maternelles intercommunal s'est monté dans notre secteur, à l'initiative de quelques assistantes maternelles, et grâce à l'implication financière de quelques communes et de la CAF.

Des permanences sont assurées quatre demi-journées par semaine, sous la responsabilité de Mme B., éducatrice jeunes enfants, qui accueille les nourrices et les bébés qu'elles ont en garde, ainsi que les parents en recherche de modes de garde.

Dans une salle conçue à cet effet, des activités sont proposées aux enfants, tout en évitant un cadre trop rigide, ce qui permet aux tout-petits de profiter des nouveaux copains et de jeux différents, tout en s'exprimant librement, sous la surveillance et avec l'intervention ponctuelle des adultes.

C'est avant tout un lieu de rencontres et d'échanges, dans le respect des opinions et des personnes, et le dialogue s'y instaure facilement, en groupe, ou en aparté avec la responsable pour des soucis plus personnels. Les conseils et les idées ne manquent pas, d'autant que ce relais a la possibilité de s'abonner à des revues professionnelles, et n'hésite pas à contacter des partenaires extérieurs pour des questions plus pointues.

Mme B. est également disponible pour les assistantes maternelles qui ont plus de mal à se déplacer, que ce soit par téléphone, ou en allant elle-même à leur rencontre.

Ce principe, plus "professionnalisé" que bon nombre d'associations, est pour nous l'assurance d'informations fondées, et d'une ouverture sur l'extérieur en toute "neutralité". Nous avons ainsi l'occasion de sortir de notre isolement, de nous retrouver dans une structure définie, et de bénéficier en plus des conseils d'une autre professionnelle de la petite enfance qui a l'avantage d'avoir un regard extérieur, ce qui nous permet bien souvent de relativiser nos difficultés.

Les parents y trouvent également une source d'informations et de conseils : Mme B. peut les aider à définir le mode de garde qui paraît le mieux adapté à leurs besoins et leurs attentes, elle leur communique tous les renseignements pratiques sur les tarifs en vigueur, les aides auxquelles ils ont droit, les démarches à faire, les organismes existants... »

Ce mode de fonctionnement me paraît particulièrement profitable aux assistantes maternelles, ainsi qu'à leurs employeurs, et mériterait sans doute de se développer.

Les temps de repos

Vous voyez, mes journées sont dignes d'un « emploi du temps » de ministre ! Aussi, les temps de repos sont très importants pour moi, même si je ne suis pas toujours d'accord. Devant ma soif insatiable de jeux, ma nounou préfère me « préparer psychologiquement » à cette sieste que je ne vois pas toujours d'un bon œil : elle m'annonce, une dizaine de minutes avant, qu'il va bientôt être l'heure du dodo, puis elle commence à ranger les jouets autour de moi. Quand le moment est venu, on prend le temps de raconter une histoire, manière de se détendre, puis on va chercher ensemble mon doudou et ma sucette, on change la couche, et je suis tout à fait prêt à me reposer.

Pour mes siestes, on essaie de conserver le même rythme qu'à la maison, de respecter mon petit « rituel », et d'adapter mes besoins à ma fatigue, mon évolution…, en accord avec mes parents.

Il arrive parfois que j'aborde des passages où je dors moins bien, ou moins longtemps, où je manifeste des angoisses…

Pour régler très vite ces petits problèmes, ma nounou n'hésite jamais à en parler avec mes parents et ils essaient ensemble de trouver des explications et des solutions. C'est très important pour moi, car plus je suis reposé, plus je suis disponible et détendu, et mieux je peux m'épanouir dans ma vie de bébé.

On ne déroge jamais au dodo, même quand je proteste. Quand je ne veux pas dormir, je ne me lève pas pour autant pour jouer, parce que je suis tout à fait capable de sauter mes dodos, mais très vite mon humeur s'en ressent, je deviens un bébé ronchon, nerveux, je ne profite pas de mes journées et je ne me sens pas bien.

Si je crie, ma nounou vient me voir au bout de deux ou trois minutes, elle m'explique que c'est l'heure du dodo, que l'on doit se reposer même si on n'a pas envie, et que l'on ne se lève pas, même si l'on crie. Elle me redonne ma sucette et mon doudou et s'en va.

En principe, mes cris redoublent quand elle ferme la porte, mais elle me laisse quand même, un peu plus longtemps cette fois, environ cinq ou six minutes, puis elle revient, toujours aussi calme et résolue, me redit les mêmes choses, me redonne mon doudou et ma sucette, et me recouche doucement.

Je peux être très persévérant, mais je finis par m'endormir. Les premières fois, je peux me réveiller au bout d'une demi-heure, parce que ce ne sont quand même pas des conditions idéales pour partir au pays des rêves, mais alors ma nounou me lève aussitôt, sans me faire de reproches, elle me félicite d'avoir fait mon petit dodo, et on fait quelques jeux calmes, car je suis fatigué. Les dodos suivants se passeront de mieux en mieux et un jour, il n'y aura plus de problèmes de ce côté-là.

Un bébé reposé, c'est un bébé charmant

 « La nounou de mon fils a une organisation sans faille ! Elle consacre toutes ses matinées aux jeux, activités et sorties pour les enfants, et l'après-midi, tout le monde va faire dodo. Malheureusement, mon petit bout se lève très tôt le matin, aux environs de 6 h, et il a été très pénible pour lui de suivre ce rythme, qui ne lui était pas adapté. »

 « Je me souviens de cette petite fille, âgée de 8 mois, qui avait tellement de mal à dormir, une vingtaine de minutes au maximum. C'était d'ailleurs une enfant particulièrement nerveuse, facilement irritable et, dans ces conditions, les journées, d'ailleurs longues pour elle (douze heures environ), étaient difficiles et éprouvantes.

Après plusieurs discussions avec la maman, je me suis rendu compte que les nuits étaient agitées aussi (des réveils toutes les deux ou trois heures au début), et qu'il était difficile pour les parents de trouver une solution, au point que, à bout de ressources, ils prenaient l'enfant avec eux dans leur lit.

Au bout de quelques mois épuisants, les parents ont rencontré un spécialiste du sommeil qui les a rassurés et leur a expliqué que le sommeil du bébé était devenu dépendant du lit de ses parents ou de la présence de sa maman ; il fallait donc "rééduquer" en quelque sorte pour progressivement amener l'enfant à dormir dans son lit, en respectant des rituels au coucher, et surtout en se tenant aux explications données au bébé : "Tu sais bien que tu dors dans ta chambre et qu'on ne se lève pas la nuit." Mais la maman ne supportait pas les pleurs de l'enfant et essayait divers stratagèmes : elle allait préparer un biberon avec l'enfant, elle chantonnait en la berçant, mais elle finissait toujours par la ramener dans le lit parental.

Devant ces difficultés, j'ai expliqué au bébé que chez nounou on ne faisait pas comme chez papa et maman : "Dans le lit on se repose, et on ne se lève que quand nounou l'a décidé. C'est important pour toi, quand tu auras dormi, tu seras en pleine forme et on pourra beaucoup jouer." Les parents étaient d'accord avec ce principe, mais la maman avait simplement beaucoup de mal à l'appliquer à la maison.

Malgré tout, après quelques larmes les premiers jours, l'enfant a pu acquérir un rythme de sommeil plus régulier (des dodos d'une heure au départ, de deux heures et demie quand elle est partie à l'école).

La petite fille a plus de 3 ans aujourd'hui, elle ne va plus dans le lit de ses parents, mais sa maman dort au pied de son lit ! »

 « Je suis une nounou un peu angoissée, surtout avec les tout-petits. Quand j'ai commencé à garder G., elle n'avait que 4 mois, et je craignais la mort subite du nourrisson. Pour me rassurer, j'ai pris l'habitude de la faire dormir dans un lit au salon, ce qui me permettait d'avoir l'œil sur elle en permanence, d'autant que les bruits environnants (télévision, téléphone...) n'avaient pas l'air de la gêner. Elle a 18 mois aujourd'hui, et elle ne veut pas dormir dans la chambre. »

Les soins

Ma nounou s'occupe bien de moi, elle s'est équipée pour me donner les soins quotidiens, et si j'ai besoin de produits particuliers (savon, pommade…) maman les lui apporte.

Il y a un petit meuble à tiroirs pour les bébés, et j'ai un petit tiroir rien qu'à moi, avec mon nom dessus. On peut y trouver mon thermomètre, mon mouche-bébé, du sérum physiologique, ma crème hydratante et de protection solaire, une crème pour mes petites fesses en cas d'irritation…

À côté de la table à langer, on peut trouver les couches de chacun de nous, le coton, les lingettes, du savon dans un flacon pressoir et, bien rangés dans un placard hors de portée, de l'alcool, de l'éosine, les médicaments pour la fièvre marqués à nos noms, les ordonnances correspondantes.

Quand j'ai un peu de fièvre, ma nounou me donne un antipyrétique, et téléphone à maman pour l'informer de mon état. Il n'est pas forcément nécessaire qu'elle vienne me chercher si la fièvre n'est pas trop élevée, mais elle pourra au moins prendre un rendez-vous chez le médecin si besoin, ou venir me chercher plus tôt si elle préfère. En général, c'est bien pour maman de savoir qu'on l'appelle en cas de problème.

Si je suis malade, maman n'oubliera pas d'apporter à ma nounou mes médicaments accompagnés de l'ordonnance, et ma nounou demandera le matin comment j'ai passé la nuit, si j'ai eu de la fièvre, si un antipyrétique m'a été donné et à quelle heure… Elle notera les informations essentielles, et pendant le reste de la journée, elle surveillera ma fièvre et mon état, et écrira sur une petite fiche ce qu'il est nécessaire de savoir pour mes parents.

« J'ai eu affaire à des parents particulièrement indisciplinés, ils n'attachaient aucune importance aux règles qui leur étaient imposées, et ils oubliaient notamment systématiquement d'amener les ordonnances lorsqu'il y avait un traitement à donner : n'osant laisser l'enfant sans ses médicaments, je rappelais aux parents la nécessité de l'ordonnance et notais sur les boîtes les indications qu'ils me donnaient. »

Attention, sur certains secteurs, il est établi aujourd'hui que les assistantes maternelles n'ont plus à donner de traitements ; ce sont les parents en priorité qui doivent administrer les médicaments. Quand c'est impossible, et dans tous les cas, *l'ordonnance doit obligatoirement être fournie.*

Les repas

Parfois, maman préfère préparer elle-même les repas, ou apporter des repas prêts, et ça ne pose pas de problème pour ma nounou, car elle pense que c'est un peu une façon pour elle de s'occuper de moi.

Quand c'est ma nounou qui prépare les repas, elle essaie de varier, tout en respectant ce que je peux ou ne peux pas manger. Certains de mes copains étant présents à mi-temps seulement, il a été prévu un œuf tous les lundis et du poisson tous les vendredis, ce qui évite les « répétitions » avec les mamans ; pour les autres jours, il nous est proposé de la volaille (poulet, dinde, canard, pintade…), de la viande rouge, du jambon, du foie…, et toute une variété de légumes. En grandissant, des petits plats plus originaux : couscous, ratatouille, pot-au-feu, courgette farcie… En dessert, nous dégustons divers fruits, frais, cuits au four, au caramel ou en compote.

Dans tous les cas, les menus sont élaborés dans le plus grand respect de mon équilibre alimentaire. Chacun sait aujourd'hui qu'il est important de doser mes apports en graisses, protéines, sucre, sel… Même si j'adore le jambon, les crèmes au chocolat et les bonbons !

Pour les repas de fête, on fait des écarts comme les grands. Au dernier repas de Noël par exemple, nous nous sommes régalés de dinde, de pommes dauphine accompagnées de petits bouts de carotte en forme d'étoiles, de haricots verts qui figuraient un sapin, et d'une vraie bûche de Noël au dessert. Je ne parlerai pas du goûter avec ses bonbons au chocolat, ses gâteaux fourrés…

Les goûters sont dans un premier temps dominés par les biberons de lait, parfois suivis d'un biscuit. Plus tard, ils deviennent plus variés, même s'ils sont en général basés sur des laitages. Ma nounou essaie de nous proposer autre chose que des yaourts ou des suisses, et on peut se régaler :
– de tartines de confiture, avec un morceau de fromage ;
– de flans au caramel concoctés par nous-mêmes ;
– de tartines de Vache qui rit ;
– de pâte de fruits avec un yaourt nature ou au sucre de canne ;
– de pâtisseries accompagnées d'un verre de lait ;
– de pain d'épice, et de jus de fruits non sucré…

Ces repas, je les apprécie tout particulièrement parce que nous sommes tous réunis autour de la table pour partager un moment de plaisir évident, on en profite un peu pour faire les clowns, et quelquefois on peut rester assis pendant une demi-heure sans se lasser.

On profite également de ces moments privilégiés pour découvrir de nouvelles saveurs (toujours avec l'accord de mes parents), pour raconter « que l'on a trouvé les champignons dans la forêt », « qu'il faudra aller cueillir des pommes sur le pommier pour la compote de demain », « que l'on mangera pour le dessert le fromage que l'on a fabriqué avec le lait de la vache », « que c'est le petit cochon qui a donné le jambon aujourd'hui »…

Motivés par nos copains plus grands, on apprend sans difficulté à manger des morceaux, puis à manger tout seul !

À ce rythme-là, on devient très vite de vrais petits épicuriens !

En vingt ans, on a constaté une augmentation de 17 % des enfants obèses, et 70 % des enfants corpulents ont un excès de poids lié à leur environnement. Il faut savoir qu'un mauvais équilibre alimentaire expose systématiquement au risque d'obésité, et un enfant obèse encourt des risques de maladies cardio-vasculaires plus élevés.

Des études ont démontré qu'un excès de protéines, par exemple, semble être une des causes de l'obésité infantile : trop de protéines entraînant une multiplication des cellules graisseuses et un stockage plus facile des graisses. (On trouve les protéines dans les viandes, œufs, poissons, produits laitiers, fromages.)

Il est donc important de bien doser les menus des jeunes enfants et de ne pas les habituer au grignotage : savez-vous que notre appétit est contrôlé par deux types de messages, la faim et la sensation de satiété ? Quand l'enfant passe ses journées à grignoter, ces signaux ne fonctionnent plus, il prend alors l'habitude de manger sans faim et sans fin.

Alors misez sur l'avenir de bébé ! Imaginez d'autres moyens que le gâteau salutaire pour calmer son impatience. Sa santé, c'est primordial, tant d'un point de vue physique que psychologique.

Un bébé bien nourri, c'est un bébé en pleine forme

 « J'ai remarqué que les premiers temps, les mamans sont très soucieuses des temps de dodo et des repas de leur petit bout. Puis, au fur et à mesure qu'ils grandissent, leurs questions se portent davantage sur ce qu'ils ont fait dans la journée. Il est vrai que ces graines de génies nous émerveillent, et c'est un plaisir constant de parler de leurs exploits, de leur petit caractère qui nous étonne toujours, de leur évolution… Moi-même, j'en oublie parfois de parler de ce que les enfants ont mangé. J'ai alors eu l'idée d'établir des menus pour la semaine, que j'affiche tous les lundis, et que les parents peuvent consulter. Cette "carte" a d'ailleurs été réalisée avec les enfants, ce qui a été l'occasion d'une activité avec découpages et collages, et les petits sont très fiers de regarder sur leur affiche ce qu'ils vont pouvoir déguster dans la semaine ! » (Annexe 3)

 « Cette maman vivait très mal le fait de laisser son enfant pour aller travailler. Elle préférait apporter elle-même le repas de son enfant et lui préparait des doses importantes de viande et légumes, parfois cuisinés en dépit du bon sens (cuits dans l'huile par exemple). Malgré cette quantité déjà

déraisonnable à mon sens, elle souhaitait que je lui donne ensuite une compote, un yaourt et du pain.

J'ai abordé plusieurs fois avec elle ce problème par des moyens détournés, en lui expliquant par exemple qu'on nous avait enseigné en formation que les quantités de viande et de sucre notamment devaient être dosées correctement pour éviter des soucis de santé ultérieurs pour l'enfant, mais que l'on pouvait sans souci augmenter l'apport en légumes s'il avait trop faim.

Malgré nos conversations, l'enfant mangeait toujours autant et de manière déséquilibrée : il pouvait avoir du pot-au-feu jusqu'à trois fois par semaine, des biberons avec farine jusqu'à trois fois la dose conseillée en quantité…

Je n'ai pas su convaincre cette maman, alors de mon propre chef, je réduisais les quantités et essayais de ne pas surcharger en sucreries. L'enfant ne s'en plaignait pas, mais je ressentais un malaise vis-à-vis de cette maman. »

Bébé est devenu grand, il s'affirme !

Là, je peux devenir un vrai petit « diablotin » !

Je suis particulièrement intéressé par tout ce qui m'est interdit, ce qui ne manque pas de susciter les réactions immédiates de mon entourage. Je me fais gronder, parfois même punir, et j'ai l'air d'aimer ça ! En tout cas, je recommence volontiers, parfois plusieurs fois de suite. Mes colères sont beaucoup plus affirmées, je « balance » les jouets par terre, je tape les copains, je crie… Je n'obéis pas volontiers, je refuse de manger, de m'habiller…

Cette période est particulièrement délicate, pour mes parents surtout. Ils sont un peu déstabilisés par mon comportement, et ne savent pas toujours quelle attitude adopter. Et comme je suis très rusé, je profite de la situation, et je mets leurs nerfs à rude épreuve !

Ma nounou non plus n'échappe pas à ma « canaillise », mais c'est souvent moins dur pour elle, d'une part parce que je pousse les limites toujours plus loin avec mes parents, et d'autre part, parce qu'elle a plus de recul qu'eux, elle est moins impliquée affectivement, et c'est aussi son travail de gérer ce stade de mon évolution.

Ce qui marche le mieux, c'est de ne pas s'énerver avec moi, de m'expliquer d'un ton ferme que je dois faire ceci ou ne pas faire cela, pourquoi, et surtout de me dire clairement ce qui va se passer si je n'obéis pas… Pour ma nounou, si je tape les copains ou que je fais des bêtises exprès pour attirer l'attention, je ne peux pas rester jouer avec les autres parce que je les embête, et je vais tout seul dans mon coin. Je déteste ça et je crie très fort.

Ma nounou essaie de calmer ma colère en me disant qu'elle comprend que j'avais envie de prendre le jouet du copain, ou que je trouvais intéressant de lui tirer les cheveux, mais que c'est interdit quand même parce que c'est désagréable pour les autres.

Si ma colère persiste et est trop dure à supporter pour mes copains, ma nounou m'explique que j'ai le droit d'être en colère, de crier (c'est que j'ai des sentiments comme tout le monde, moi !), mais personne n'a envie de m'écouter, je vais donc aller crier dans mon lit : il ne s'agit pas pour moi de faire l'amalgame avec mes temps de repos, alors Patou laisse les volets ouverts, la porte également (ainsi je me sentirai en retrait mais pas vraiment « coupé » des autres), je n'ai pas mon doudou parce qu'effectivement ce n'est pas l'heure de dormir, et je reviendrai avec les autres quand ma colère sera calmée et que je serai prêt à jouer sagement sans faire de bêtise. (Les équipes de professionnels travaillant avec la petite enfance sont d'accord pour dire aujourd'hui que la mise à distance de l'enfant est encore la meilleure solution.)

Au bout de quelques minutes, ma nounou revient me voir et me demande si j'ai envie de revenir jouer avec les autres. Bien sûr que oui ! Elle m'explique alors à nouveau que je ne dois pas taper, ni faire des bêtises, sinon je suis puni.

Je suis tout à fait d'accord, et je reprends mes jeux avec plus de calme et de civilités. Ça n'empêchera pas que je réessaierai un peu plus tard les mêmes coquineries, manière de voir si la règle est toujours la même. Ma nounou est quelqu'un de très entêté, les règles ne changent pas et, petit à petit, je fais de moins en moins de bêtises, je raconte moi-même, dans mes petites conversations, qu'il ne faut pas faire ceci ou cela, sinon on est puni, on m'approuve, et je deviens un bébé tout à fait adorable.

Quand je ne veux pas manger, il n'y a pas réellement de punition, mais j'attends patiemment que les autres aient terminé, parce que malgré tout, c'est l'heure du repas et non l'heure de jouer. Comme tous les jours, ma nounou propose un petit bout de pain à la fin du repas, c'est notre moment préféré ! Je réclame mon pain avec enthousiasme, mais je ne peux pas l'avoir parce que je n'ai plus faim… Ça ne me plaît pas du tout, mais ça ne change rien, quand on n'a plus faim, ça veut dire plus faim du tout, même pour le pain… La plupart du temps je retrouve mon appétit et je termine ma purée, ça vaut le coup !

Si je m'obstine, tant pis, le fameux bout de pain n'est pas un enjeu, c'est simplement ce qui termine mon repas quand j'ai envie, alors je descends tout simplement de table, le repas est terminé. De toute façon, je suis un bébé dodu, et je ne me laisserai pas mourir de faim. Ma nounou essaie de me faire manger avant le dodo de l'après-midi (pas plus d'une demi-heure après le repas), elle n'insistera pas devant mon refus, le goûter n'est pas loin et je me rattraperai.

Pour maman, c'est plus difficile à gérer. Aussitôt, elle s'inquiète : elle, ma maman, devrait parvenir à « me nourrir », c'est « son rôle »... Alors elle culpabilise, invente mille stratagèmes qui ne marchent pas beaucoup généralement. Au contraire, j'aurais plutôt tendance à m'obstiner devant ses efforts renouvelés, j'ai bien compris que je touche là une corde sensible. Alors sois plus cool, petite maman, je suis en train de devenir un petit bonhomme indépendant, et je m'opposerai à toi de préférence, et sur ce qui t'importe le plus. Et puis, mon refus de manger, ce n'est pas forcément de l'opposition, peut-être que je n'ai tout simplement pas trop faim en ce moment, mais, quoi qu'il en soit, je te promets de recommencer à manger d'un bon appétit très bientôt !

Quand je fais une grosse colère, je n'ai pas non plus un auditoire de bonne volonté, personne ne veut m'écouter ; là encore, ma nounou m'explique qu'elle comprend que je sois contrarié et en colère, mais que je vais aller me calmer dans mon coin ou dans mon lit. De toute façon, même si j'ai très envie de faire ceci ou cela, c'est elle qui décide, moi je suis trop petit.

Cette période d'opposition peut durer quelques mois, au grand désespoir de mes parents. Et malgré tout un tas de jolies théories sur ce qu'il faudrait faire, ce n'est pas toujours facile pour eux de gérer mon petit caractère rebelle.

Ils ne sont pas toujours disponibles et s'impatientent parfois devant mon entêtement : ils réagissent alors sur le vif, et regrettent ensuite. Ce n'est pas grave si j'ai pris une tape sur la fesse ou sur la main, ou si je me suis fait gronder très fort alors que la bêtise n'était peut-être pas si importante. papa et maman ont le droit d'être énervés ou fatigués eux aussi. Ce qui compte, c'est qu'ils sachent se remettre en question et prendre de la distance. Il ne s'agit pas non plus de dramatiser ! Ils peuvent d'ailleurs très bien m'expliquer : « Tu sais, j'étais énervé, je regrette d'avoir crié si fort, ou d'avoir donné une tape, mais tu sais aussi que tu ne dois pas faire ceci ou cela, donc si tu recommences, tu seras puni, d'accord ? »

Il leur arrive de se décourager parce qu'il faut souvent répéter les mêmes choses et, quand ils sont trop fatigués, il leur arrive aussi de baisser les bras, ce qui n'arrange rien non plus. Au contraire, pour une fois où ils auront cédé, je m'obstinerai encore plus la prochaine fois.

Dans certaines circonstances, ils ont du mal à m'imposer des limites parce qu'ils souffrent de ma frustration. Pourtant, tout au long de ma vie, je serai soumis à diverses contraintes, et m'apprendre à gérer mes colères et mes frustrations plutôt que de céder à mes exigences, n'est-ce pas m'aider à me sociabiliser ?

Parfois, ils n'osent pas trop s'opposer à mes petites volontés, en public par exemple, ou par crainte des voisins qui pourraient entendre mes cris si convaincants, et penser que je suis « une petite victime »... Et puis il y a, encore et toujours, une forme de « pression sociale » qui ne leur rend pas la tâche plus facile : quelle est la forme d'éducation la plus approuvée aujourd'hui ? Quelles sont les méthodes les plus efficaces ? À partir de quel âge faut-il commencer à imposer des limites ? Qu'est-ce que c'est qu'être de « bons parents » ?

Il n'y a pas de solution toute faite, parce que nous sommes tous différents, nous avons tous une culture et une histoire différentes, et nous ne manifestons pas tous cette fameuse période d'opposition de la même manière, avec la même virulence ou le même entêtement.

Ce sont des moments difficiles pour mes parents, ils ont besoin quelquefois d'être convaincus qu'ils ne sont pas pour autant de « mauvais parents », juste des parents fatigués, qui essaient de faire de leur mieux, et qui parviendront à dépasser ce stade délicat comme beaucoup d'autres parents autour d'eux.

Si les grands sont d'accord, bébé est d'accord

« Pour nous, les assistantes maternelles, cette étape n'est pas toujours évidente à aborder. Et nous y parvenons d'autant mieux que les parents sont à l'écoute et partie prenante dans cette aventure.

J'ai le souvenir d'une maman qui, malgré toute sa bonne volonté, a eu beaucoup de mal à adopter un comportement cohérent avec moi face à l'opposition de son petit garçon.

Je crois qu'elle avait conscience de ses difficultés, elle-même parlait de ce papa très pris par son travail et donc souvent absent, de ses difficultés à se faire obéir de ses enfants, de sa fille aînée, à peine âgée de 4 ans, et qui n'arrivait pas à "dominer ses colères"...

Je la voyais débordée, essoufflée. C'étaient les enfants qui décidaient quand ils voulaient partir, si elle pouvait prendre le temps de parler ou même d'aller aux toilettes, et elle les "autorisait" à ne pas la laisser respirer.

Avec le temps, j'ai vu la situation se dégrader, j'avais le sentiment qu'elle avait presque "peur" des crises et des débordements de sa fille, et également qu'il était pour elle très difficile de dire non à ses enfants. Alors, elle essayait toujours de négocier, sans parvenir à imposer des règles pour cadrer l'agitation des petits. S'il lui arrivait parfois de perdre patience et de gronder, elle finissait par les plaindre, et toujours par s'excuser.

Les enfants refusaient finalement toute autorité, même de ma part, ils en arrivaient à frapper leur maman, qui réagissait aussitôt par une fessée, mais sans qu'aucune punition ni discussion ne s'ensuivent.

Dans ces conditions, les départs du bébé étaient le plus souvent difficiles à gérer pour moi. Dès que la maman arrivait, l'enfant ne respectait plus aucune règle et il régnait très vite une atmosphère d'anarchie, puisque, aussitôt, toute l'attention était monopolisée sur cette petite famille, dans les cris, et au détriment des autres enfants que j'avais en garde.

Un jour, la petite fille nous a gratifiés de deux superbes colères, elle mordait sa maman, faisait preuve d'une insolence impressionnante pour un enfant de cet âge vis-à-vis des autres adultes présents, sans pour autant que sa maman intervienne ; le petit frère a aussitôt adopté un comportement de défi lui aussi, et devant mes remontrances, il m'a envoyé une belle gifle.

J'ai aussitôt grondé l'enfant en lui expliquant qu'il n'avait absolument pas le droit de frapper, je l'ai ensuite puni, et j'ai demandé à la maman de respecter cette punition.

J'ai bien perçu qu'elle avait beaucoup de mal avec la punition imposée à son enfant, même si elle était d'accord avec moi sur le principe. Ce que je ressentais chez elle, c'était de la souffrance, et je trouve bien dommage qu'une fois la punition terminée, elle n'ait rien dit à son petit garçon à propos de ce qu'il venait de se passer.

J'ai essayé plus tard d'avoir une discussion avec elle à propos de cet incident, mais elle a évité toute occasion d'en parler les jours suivants. J'ai remarqué qu'elle avait tendance ensuite à souligner combien ses enfants m'aimaient, alors que bien sûr je n'avais aucun ressentiment à leur égard.

Je me suis désormais contentée d'imposer aux enfants les règles qui étaient les miennes, en expliquant que chez nounou on n'avait pas le droit de crier ni de taper, sinon on partait au coin. J'évitais d'intervenir à la place de la maman pour tout ce qui ne me concernait pas. Je pense que cette maman n'était pas prête à imposer son autorité, et je crois que je ne pouvais qu'accepter que ses enfants se comportent de cette manière avec elle, puisqu'elle-même le tolérait. En tout cas les départs du petit se sont ensuite passés plus calmement, et quand sa sœur sentait que sa colère prenait le dessus, elle allait d'elle-même bouder dans le jardin. »

Quelques conseils

Papa et maman, ce dont il ne faut pas douter, c'est que cette période d'opposition est nécessaire pour moi, elle me permet de me construire dans un cadre dont vous allez définir les limites. Ces limites ne vont pas me frustrer ni me traumatiser, elles me sécuriseront au contraire.

Comme disait ma nounou, le mieux est de ne pas s'énerver, de toujours m'expliquer pourquoi on se fâche après moi, pourquoi je vais au coin, tout en me faisant comprendre que ça n'a rien de définitif, que ça ira mieux tout à l'heure.

On peut aussi me laisser une « marge d'erreur », en me disant par exemple : « Alors, tu avais oublié qu'il ne faut pas pousser les copains ? Tu te souviens, ce n'est pas agréable d'être poussé, et c'est interdit de le faire aux autres… Tu expliques au copain qu'il t'embête, ou bien tu viens me chercher, d'accord ? Il ne faut pas oublier, sinon tu seras puni. » Cette petite astuce marche assez bien, et me permet parfois d'éviter le coin. C'est que je suis encore petit, je peux me laisser dominer par mes émotions… C'est si difficile d'être grand et toujours sage !

En tout cas, il faut vous tenir à la punition imposée, parce que j'y ferai très attention, et je retiendrai très vite que je peux faire le zouave bien au-delà de vos avertissements. Tout ira bien si la punition n'est pas trop longue : de trois à cinq minutes environ.

Quant à la fessée, même si on a l'impression quelquefois de ne pas avoir d'autres solutions, l'expérience montre qu'elle est inefficace, et ce d'autant plus qu'elle est fréquente.

« À cette période, les parents commencent à poser les interdits pour sauvegarder l'enfant et lui enseigner la première loi : celle de ne pas nuire à autrui... S'ils le font de façon sadique, c'est-à-dire seulement oppressive, ils n'apprennent pas à l'enfant à transformer ses impulsions agressives en désirs socialisés. Tout au long de sa vie, ces impulsions seulement refoulées se déchargeront à la moindre occasion, avec une cruauté qui sera restée infantile [1]. »

Jean-Claude Liaudet, psychanalyste
et psychosociologue.

Parents,
Pensez à discuter avec votre assistante maternelle de ses méthodes devant la désobéissance des enfants. C'est là un point délicat sur lequel vous devez être d'accord. Il est préférable d'avoir cette discussion hors de la présence des enfants, et lorsqu'une difficulté survient, il est alors plus convaincant d'expliquer à bébé : « Avec nounou, on a décidé que... » Si vous n'êtes pas convaincus du bien-fondé de ce qui sera demandé à votre enfant, cette étape n'en sera que plus difficile. Ce n'est pas parce qu'on gronde ou qu'on impose des punitions que les enfants se sentent moins aimés. Il suffit de leur expliquer ce que l'on attend d'eux et pourquoi, et surtout d'être cohérent, de garder toujours la même ligne de

1. « L'héritage de Françoise Dolto : l'enfant est une personne », *Label France 43.*

conduite. Le bébé doit sentir que ses parents et sa nounou sont d'accord.

Bien sûr, on peut parfois ne pas adhérer totalement à une situation, il faut alors ne pas hésiter à en discuter et à trouver un terrain d'entente, sans se contredire devant le petit futé qui est très sensible à ce qui se passe autour de lui.

Assistantes maternelles,

N'hésitez pas non plus à aborder ce sujet lors de l'entretien, et à insister un peu sur vos convictions à ce sujet, même s'il peut être parfois difficile pour les parents, dans le cas d'un premier enfant, d'imaginer ce qui se passera plus tard. C'est un aspect de notre travail délicat et sensible, et ce n'est pas facile, pour une jeune maman, de voir son enfant grondé ou puni, surtout s'il y a des larmes. Un sujet à ne pas éviter !

Nounou, si je suis un petit phénomène particulièrement difficile parce que mes parents préfèrent laisser faire, ne te décourage pas, tu as un rôle à jouer quand même ! N'oublie pas que tu seras le reflet d'autre chose pour moi pendant plusieurs mois ou plusieurs années, et qu'il me restera sans doute quelque chose de cette image que tu vas me donner.

Bien sûr, ce sera moins facile pour toi, cette période critique demandera peut-être plus de dialogue et de tact avec mes parents, mais tu peux aussi leur expliquer que je vais très bien m'adapter à des règles différentes parce que je suis intelligent, et que je comprends tout pour peu que l'on m'explique.

Cette période d'opposition arrive souvent au même moment que l'acquisition de la propreté, mais nounou pense que ce n'est pas forcément un problème pour peu que l'on reste naturel, sans faire de ce passage un enjeu, ce qui n'est pas toujours évident.

En effet, pour mes parents, c'est souvent important, et puis il y a la pression de la rentrée scolaire qui se profile, et qui impose que je sois propre, plus tous ces bébés autour d'eux qui sont « déjà propres »…

Le pot

Ce pot semble être un objet important pour les grands. Mais je n'ai pas très envie que l'on précipite les choses. Maman et nounou vont essayer de se mettre d'accord sur le moment où commencer, de quelle façon, et sur l'attitude à adopter selon mes réactions.

On est tous différents avec mes copains à ce sujet. Certains sont contents d'y aller, d'autres refusent catégoriquement, et d'autres encore acceptent cette nouvelle manie, mais semblent indifférents à ce qui se passe ou ne se passe pas.

Ce qui marche le mieux, a priori, c'est d'aborder cette période le plus naturellement possible.

Au début, ma nounou a placé le pot dans mon environnement, ce qui n'a pas manqué de susciter mon intérêt. Elle m'a alors expliqué que quand on devient grand, on fait pipi et caca dans le pot, et m'a proposé d'essayer.

J'ai l'esprit plutôt ouvert, et je me suis volontiers assis, pas très longtemps mais ce n'est pas grave. J'ai regardé, rien de particulier ne s'était passé : « Oh ! Le pipi n'est pas venu cette fois, ce n'est pas grave, la prochaine fois peut-être... », a dit ma nounou, et on est passé à autre chose.

Un jour, mon petit pipi est allé dans le pot. J'ai été étonné sur le moment, ma nounou m'a félicité, cette fois le pipi était venu... Et on est passé à autre chose. Les bébés autour de moi voudraient toucher mon pot, mais ma nounou ne les laisse pas faire, ils sont trop petits pour aller au pot, moi je suis grand !

Petit à petit, ça deviendra tout naturel pour moi de demander le pot, et même si de petits « retours en arrière » peuvent encore se produire, je serai un bébé propre à 3 ans, comme la grande majorité de mes petits copains.

Ne sois pas pressée, maman, je serai grand un jour

« Pour cette maman, le pot représentait une étape importante. Quand bébé a commencé à devenir propre, il y a eu quelques accidents, surtout quand il était en train de jouer. Avec le temps, il y a eu des progrès et les oublis ont disparu.

Mais, quelques mois plus tard, bébé a semblé régresser un peu, sans que l'on sache en expliquer la cause. Soit il commençait à faire pipi sur lui pour terminer aux toilettes, soit il demandait les toilettes toutes les dix minutes. Sa maman a alors mal réagi devant ces oublis répétés, d'autant que l'échéance de la rentrée scolaire arrivait. Et le soir, la question fatidique devenait inévitable : "Y a-t-il eu un pipi culotte aujourd'hui ?"

Dans l'affirmative, bébé se faisait gronder : "Qu'est-ce qu'elle me dit, nounou ? Tu as encore fait pipi à la culotte !

J'en ai assez de toi maintenant ! Tu es vilain ! Regarde le copain ! Il est propre, lui ! C'est un enfant comme ça que je voudrais avoir..."

À la fin de sa première année scolaire, l'enfant manifestait toujours ces mêmes problèmes, jusqu'à faire totalement sur lui, sans qu'aucun problème médical n'ait été diagnostiqué... »

« J'étais ravie que ma petite fille, en une semaine de vacances, soit devenue propre. Je la laissais vadrouiller dans la maison sans sa couche, avec le pot à proximité, et chaque fois qu'elle en ressentait le besoin, elle allait sur son pot. Au bout de quelque temps, je me suis vite rendu compte qu'en fait elle associait l'accès au pot à sa nudité, et dès qu'elle avait une couche ou une culotte, elle faisait sur elle sans aucune gêne. Malgré mon insistance et mes explications, j'ai dû admettre que la propreté n'était pas encore acquise pour ma petite canaille, même si elle était prête physiquement. »

« Au départ, on a commencé à parler du pot à travers les histoires que l'on pouvait trouver dans les livres. Bébé se sentait devenir grand, il en était fier, et je lui ai proposé d'essayer de faire pipi au pot, un peu tous les jours, avant la sieste. Je n'insistais jamais lorsqu'il se levait du pot, même s'il n'avait rien fait.

La première fois que bébé a constaté qu'il avait laissé quelque chose dans son pot, il était surpris, puis fier devant nos félicitations, et on est allés ensemble mettre le pipi dans les toilettes et tirer la chasse, ce qui est particulièrement amusant !

Les choses se sont déroulées ainsi pendant plusieurs mois. Et puis un jour, sa maman lui a proposé d'enlever la couche. Bien sûr bébé a fait pipi sur lui, en a été tout étonné : "Qu'est-ce qui s'est passé, tu as oublié de demander le pot ? Ce n'est pas grave, on va se changer." Devant l'insouciance de sa maman, bébé se contentait de l'appeler les fois suivantes quand un accident se produisait : "Maman ! Je fais pipi !" Et maman, toujours égale à elle-même, a confirmé que ce n'était pas grave, mais que peut-être on allait remettre la couche, parce que bébé était encore un peu petit pour demander le pot.

Quelque temps plus tard, le sujet de l'école a été évoqué puisqu'une ancienne copine est passée chez nounou raconter sa classe, sa maîtresse, les copains... On a aussi raconté des livres à ce sujet, et petit à petit, bébé a eu très envie d'aller à l'école parce qu'il était grand lui aussi. Mais ce n'était pas possible tout de suite, parce que la maîtresse ne prend pas les enfants quand ils ont la couche, elle n'a pas le temps de les changer...

Dans les semaines qui ont suivi, maman a reproposé d'enlever la couche, et ça a été un franc succès, bébé était devenu grand ! »

Les petits coups au cœur

Il est toujours difficile de se trouver confronté à un tout-petit qui pose des problèmes de comportement, ou qui semble négligé par ses parents.

Comment aborder le sujet avec les parents, sans les blesser ou les buter ? Comment évaluer la source du problème sans se tromper ? Quelle attitude adopter, vers qui se tourner pour trouver des conseils ou un soutien ?

Quand les signes sont évidents, comme des bleus mal placés, des brûlures, il ne faut pas hésiter, bien sûr, à faire un signalement.

Mais la maltraitance d'un enfant n'est pas toujours facile à déterminer.

Nous savons qu'il existe deux degrés de maltraitance :
– *la maltraitance physique* : il peut s'agir de coups. Dans ce cas, il faut s'inquiéter de bleus répétés, surtout au niveau des bras, des fesses, du dos ou de la tête, ne pas tarder à signaler ce que l'on a constaté, et s'en remettre aux services sociaux.

On peut aussi constater des négligences, que ce soit au niveau de l'hygiène corporelle, de la santé (tel un enfant que l'on ne soigne pas quand il est malade), du bien-être en général (des vêtements sales, non adaptés au temps...), de sa sécurité ;

– *la maltraitance psychologique* : cet enfant sera houspillé par ses parents, insulté, méprisé, laissé dans son coin...

La toute première question qui se pose est de savoir *où commence la maltraitance.* À partir de quand peut-on considérer que l'enfant sera affecté de manière problématique par les difficultés qu'il rencontre ? Un principe d'éducation peut parfois nous paraître inadapté, ou même choquant selon nos propres convictions, mais peut-il en être qualifié pour autant de « maltraitant » ?

Quand un enfant ne va pas bien, comment savoir quelle est la source du problème, si c'est provisoire, de quelle manière on peut l'aider, si l'on est suffisamment qualifiée pour ça ?

Jusqu'à quel point peut-on s'impliquer dans la vie d'un enfant et de ses parents ? C'est là aussi un sujet délicat, car la première démarche en cas de problème est bien sûr d'engager un dialogue avec ses parents. On peut alors se trouver confrontée à des situations où notre position n'est pas toujours très claire, on peut se retrouver « confident », avoir envie d'apporter notre aide ou nos conseils, mais est-ce bien notre rôle, jusqu'à quel point ? Dans quelle mesure nos conseils sont-ils pertinents, à quel moment doit-on passer la main ?

Le but des témoignages suivants [1] est de montrer que notre rôle ne se borne surtout pas à donner les soins primaires à un

1. Ils ont été recueillis dans le plus strict anonymat des assistantes maternelles qui ont bien voulu nous faire part de leurs expériences, et des familles qui ont parfois eu tant de difficultés à se construire.
Certains d'entre eux sont susceptibles de mettre mal à l'aise, de choquer peut-être. Pourtant, ces histoires sont réelles. On ne peut pas ignorer ces dérives sous prétexte qu'elles sont loin de représenter la majorité, et la prévention est sans doute encore la meilleure solution : en parler en fait partie.

enfant, qu'il peut parfois être très difficile et éprouvant, et que nous avons une responsabilité certaine quant au bien-être des enfants que nous avons en garde.

Il n'est pas toujours facile de garder la distance, de ne pas s'impliquer émotionnellement, de ne pas juger. Il arrive d'avoir des doutes terribles, de ne pas être sûre de bien faire, et c'est là une bien lourde responsabilité parfois.

On dit couramment qu'être parents est le métier le plus difficile du monde, et la pression que l'on peut subir dans notre société aujourd'hui n'aide pas ces jeunes parents parfois désemparés. Il peut arriver qu'ils aient besoin d'aide et de conseils, et le premier intervenant neutre pour eux, c'est leur nourrice, qui voit grandir leur enfant avec un regard extérieur, et qui peut les conseiller, les orienter, en se basant sur sa propre expérience des tout-petits, sur ses propres recherches, ou en se faisant aider par les équipes de professionnels à qui elle peut se référer.

Savoir, c'est prévoir ; informer, c'est dialoguer

« Depuis que je suis assistante maternelle, j'ai pris l'habitude de faire des copies de toutes les informations que je pouvais dénicher sur différents points de la vie des tout-petits (l'alimentation, le sommeil, l'acquisition de la propreté...) et, lorsqu'un souci se présente pour les parents, des nuits agitées pour leur enfant par exemple, je n'hésite pas à leur remettre la documentation correspondante, et à en parler avec eux. Cette petite attention peut les aider à se repositionner, à amorcer un dialogue parfois. »

Partager ces expériences permettra, j'espère, de sensibiliser les assistantes maternelles à ces difficultés qu'elles peuvent avoir à gérer un jour, et de leur faire prendre conscience de l'importance de leur rôle pour un tout-petit qu'elles ont accepté de garder, de surveiller et d'aimer.

J'ai vu trop souvent des « adultes responsables » détourner la tête, parce que « ce n'est pas leur problème », dans la mesure où eux-mêmes s'occupent de cet enfant correctement.

Lorsque nous faisons le choix de travailler dans la petite enfance, nous nous devons de nous impliquer dans cet emploi, dans toute sa globalité, d'aller au-devant de l'information, de compléter notre travail en nous tournant vers l'extérieur, et de ne pas laisser des situations en latence, sans essayer de trouver la meilleure solution qui soit dans le cadre de nos compétences.

Nous bénéficions aujourd'hui d'une formation obligatoire qui aborde bien des thèmes de la petite enfance, et qui nous est d'une aide précieuse, mais cette formation est courte et ne peut qu'aborder les sujets. Or, le problème de la maltraitance, de même que la relation que nous établissons avec les parents, sont certainement les sujets sur lesquels nous avons le plus besoin de soutien et de conseils.

Il est important que nous ayons des capacités d'écoute, que nous sachions réagir dans des situations sensibles, sans jugement, avec beaucoup de tolérance et, autant que possible, avec un recul professionnel.

Alors oui ! Il est primordial d'acquérir une formation aussi complète que possible, d'avoir cette envie de devenir des professionnelles de la petite enfance, de le revendiquer, mais aussi de l'assumer avec le plus grand sérieux.

« Art. 434-1 – Le fait, pour quiconque ayant connaissance d'un crime dont il est encore possible de prévenir ou limiter les effets, ou dont les auteurs sont susceptibles de commettre de nouveaux crimes qui pourraient être empêchés, de ne pas en informer les autorités judiciaires ou administratives, est puni de trois ans d'emprisonnement et de 45 000 € d'amende... »

C'est si difficile parfois d'être parent !

« Il y a eu ma petite P. aux grands yeux tristes ; je crois bien que je ne l'ai jamais vue sourire... Son petit visage grave nous observait, elle ne jouait pas vraiment avec nous, mais plutôt parmi nous, en solitaire.

J'étais bien jeune à l'époque, débutante dans ce métier, et désemparée devant cette petite fille, alors âgée d'environ 2 ans, qui semblait ne jamais s'impliquer dans ce qu'elle faisait, comme étrangère à ce qui se passait autour d'elle.

Sa maman affichait la même tristesse : elle souriait peu, communiquait à peine, et semblait ailleurs la plupart du temps.

Elle avait l'air insensible à l'état de sa fille, d'ailleurs elle paraissait ne pas la voir, et la négligeait, que ce soit dans ses relations avec elle, ou tout simplement au niveau de l'hygiène, de l'habillement...

Le bébé arrivait souvent très sale (au point de sentir mauvais parfois), dépeignée, portant des vêtements trop petits pour elle, ou déchirés. Il m'est arrivé de la récupérer à l'école plus tard, en plein hiver, avec pour tout vêtement un pull qui lui arrivait au-dessus du nombril, sans rien dessous, un pantalon sans bouton, et des chaussures ouvertes sans chaussettes.

Alors je la baignais, je lui mettais des vêtements de récupération mais propres et à sa taille. Lorsque j'expliquais à la maman le soir que je l'avais changée parce qu'elle avait froid, elle ne manifestait aucune émotion et ne faisait aucun commentaire.

Je sais bien que ces petits soins ne suffisaient pas à combler son vide. Elle avait surtout besoin du regard de sa maman, mais sa maman n'avait d'yeux que pour son frère aîné. Et pourtant, malgré cela, lui aussi affichait un petit regard trop sérieux pour ses 5 ans, et il faisait preuve d'agressivité, à l'égard de sa petite sœur en particulier.

Je n'ai pas su quoi faire à l'époque. Je craignais qu'un signalement ne provoque un drame, j'imaginais que peut-être on enlèverait la petite à sa famille, et j'avais le sentiment que ce n'était pas la solution. La vie pour cette enfant s'est poursuivie sans que personne ne réagisse plus que ça, ni chez elle ni à l'école. J'ai eu de ses nouvelles quelques années après : c'était une très bonne élève, elle était moins négligée physiquement, peut-être parce qu'elle était devenue autonome, ou que les choses s'étaient arrangées... Et même si elle avait gardé tout son sérieux, elle paraissait avoir une existence "normale".

Quelle aurait été la meilleure attitude à adopter pour elle ? Quelles seront les conséquences sur sa vie de ces premières difficultés ? Aurait-il été adéquat de signaler son cas aux services sociaux ? S'agissait-il d'une déprime passagère de la maman ou de réelle maltraitance ? Comment est-il possible de dire à une maman que son enfant est sale, mal habillée et négligée ? Ce sont là des situations difficiles à vivre, on se sent coupable, isolée, on a l'impression d'avoir bâclé quelque chose. »

Les intervenants de la PMI sont souvent perçus comme des « contrôleurs ». Spontanément, beaucoup d'assistantes maternelles ne se sentent pas à l'aise quand la puéricultrice passe à leur domicile : elles sont sur la défensive, n'engagent pas facilement le dialogue, se contentant la plupart du temps de répondre aux questions qui leur sont posées.

Dès le départ, l'entretien en vue de l'obtention de l'agrément est vécu comme un examen de passage. Il consiste bien sûr à contrôler les capacités personnelles et matérielles d'accueillir un enfant – heureusement –, mais il y manquerait peut-être un volet plus large, concernant la petite enfance en général, ce que l'on peut être amené à vivre dans ce métier, pourquoi il doit se professionnaliser, et surtout l'importance de constituer une sorte de réseau avec le personnel de PMI : il semble que les assistantes maternelles en général auraient besoin de se sentir impliquées auprès de ces professionnels de la petite enfance. Il faudrait réellement trouver le temps de leur accorder une écoute et un soutien à chaque fois que c'est nécessaire : ce métier demande une implication personnelle importante, les difficultés qui peuvent se présenter ne disparaissent pas une fois la journée terminée, et on peut ressentir parfois un sentiment d'échec.

Dans ces situations difficiles, les assistantes maternelles ont rarement le réflexe de se tourner vers la PMI ou autres professionnels de la petite enfance. Comment avouer ce sentiment d'échec à des personnes qui jugent notre travail ? Pourtant elles sont aussi là pour nous soutenir dans la difficulté, être à l'écoute de notre mal-être, nous aider à trouver des solutions. N'est-il pas plus professionnel de reconnaître et d'avouer notre inaptitude à gérer une situation à un moment donné, plutôt que de supporter l'insupportable ?

Le bébé dont nous avons la garde et la responsabilité ne peut pas agir sur ce qui se passe autour de lui, il ne peut que subir et réagir. Travailler dans un état de tension ne peut que lui être néfaste, à lui, indirectement à ses parents et, par conséquence, à l'assistante maternelle également.

Dans ce métier, où nous sommes impliquées jusqu'à douze heures par jour, nous avons le droit d'avoir nos moments de faiblesse, mais il ne faut pas qu'il y ait de conséquences pour l'enfant, alors parlons-en !

Malheureusement, les personnels de PMI sont souvent débordés, leurs tâches sont étendues, et pas forcément cantonnées à un secteur en particulier de la petite enfance : une puéricultrice de PMI peut être amenée à s'occuper de tout ce qui concerne les assistantes maternelles de son secteur (entretiens d'agrément, contrôles, soucis ponctuels...), des parents qui les emploient, des consultations de particuliers en centre de PMI, de maltraitance, etc., au point de ne pouvoir passer chez les assistantes maternelles qu'une ou deux fois par an, bien peu pour établir une relation de confiance, si peu pour détecter d'éventuelles difficultés...

Mais il est toujours possible de trouver une écoute auprès d'associations, de relais... (Annexe 4)

« Dans notre relais assistantes maternelles, on peut évoquer n'importe lequel de nos soucis, Mme B., responsable de la structure, est à notre écoute. Un jour, n'en pouvant plus des cris d'un bébé que j'avais en garde depuis deux mois, j'ai décidé d'aller au relais pour souffler un peu. Mon visage devait exprimer ma lassitude parce qu'aussitôt Mme B. m'a proposé de s'occuper de l'enfant pendant que je buvais un café avec d'autres assistantes maternelles. Ce petit intermède m'a permis de désamorcer, de parler de mon découragement face à cet enfant que je ne pouvais calmer, de glaner quelques conseils. Même s'il n'y a pas eu de miracle dans l'immédiat, j'ai pu prendre un peu de recul, et surtout trouver une écoute, être entendue. »

« Cet enfant, que je gardais depuis deux ans, commençait à me préoccuper par son comportement : il était très agité, n'arrivait à se concentrer sur rien, alors que ça n'avait pas toujours été le cas. Je le trouvais triste, et même les histoires, qu'il affectionnait tant, ne retenaient plus son attention. Il établissait également avec sa maman une relation très conflictuelle ; je sentais la jeune mère déçue et honteuse de l'attitude du petit qui en arrivait à la frapper. Je voyais également, avec le temps, son attitude se durcir au travers des punitions qu'elle lui infligeait, des humiliations parfois : "Regarde comme tu es moche comme ça !...", des fessées bien appuyées, des mots qu'elle lui adressait : "Tu es vilain, je ne te veux plus, c'est toujours comme ça avec toi, je suis obligée de te taper..."

J'ai donc décidé d'avoir une discussion avec les parents, qui exprimaient de toute façon leur détresse face à ces difficultés. Quand je leur ai proposé cet entretien, la maman m'a parlé des relations difficiles qu'elle-même avait avec ses propres parents, de son enfance... J'ai été très sensible à ses propos, et me suis rendu compte que peut-être sa relation avec son enfant n'était pas étrangère à ce passé malheureux et à cette relation conflictuelle de la maman et de la grand-mère. Je ne savais plus très bien comment mener cet entretien, comment analyser le comportement du bébé au vu de ce que j'avais appris, je me sentais gagnée par l'inquiétude, tout en ayant conscience que je n'avais en aucun cas les qualifications adéquates pour donner des conseils trop personnels ou expliquer tel ou tel comportement.

J'ai donc décidé d'appeler la PMI et j'ai eu en ligne un médecin qui m'a écoutée, m'a posé des questions par rapport à l'enfant. Ce dialogue avec une personne qualifiée m'a rassurée, je sentais que mon problème était pris en main autrement, qu'en fonction des renseignements que je lui fournissais, cette personne allait elle-même évaluer la situation, les difficultés auxquelles étaient confrontés la mère et l'enfant.

Elle m'a aidée à me recadrer dans mon rôle de nourrice, elle m'a aussi conseillé de réorienter l'entretien sur l'enfant dès que la discussion dérivait sur d'autres sujets, afin d'éviter de me retrouver dans une situation qui dépasserait mon rôle et mes compétences peut-être (en répondant par exemple "je comprends vos angoisses, et votre enfant ressent sans doute vos émotions, il a besoin d'être rassuré, peut-être pouvez-vous lui expliquer très simplement...”), de trouver les points positifs susceptibles de rassurer les parents et de dédramatiser la situation.

L'entretien s'est très bien déroulé : j'ai donc commencé à parler de l'enfant en soulignant bien que j'étais convaincue qu'il n'y avait rien de grave, mais que je ne sentais pas bébé très bien depuis quelque temps, et que je préférais en discuter un peu avec eux pour avoir leur avis et voir ce que l'on pouvait faire pour que ça se passe mieux. Ils ont pu alors s'exprimer librement sur leurs difficultés, leurs sentiments de découragement, d'échec aussi.

On a évoqué ce rôle si difficile de parents, un peu pour tout le monde, cet enfant “qui n'est pas si vilain que ça et qui a aussi de belles qualités”... Les parents sont partis avec le sourire, on avait réussi à mettre au point ensemble des astuces et des manières d'approche différentes (pourquoi ne pas lui dire : “Ce que tu as fait n'est pas bien, je ne suis pas contente, tu vas au coin, nous en reparlerons plus tard” ? Et non : “Tu es vilain, je suis déçu, va-t'en, je ne veux plus te voir !” Sans oublier bien sûr d'en reparler avec lui une fois le calme revenu, en lui expliquant bien ce que l'on attend de lui). Nous nous sommes promis de suivre de près l'évolution du petit.

Cet enfant est aujourd'hui scolarisé, mais il revient nous voir de temps en temps avec ses parents, qui sont heureux de nous parler de l'évolution de leur petite famille.

On ne peut pas dire que les problèmes soient pour autant résolus, il est possible en effet que cette maman ait besoin d'une aide extérieure, mais il me semble que rien n'est perdu tant que le dialogue est maintenu, et je n'hésite jamais à porter une oreille attentive à ce que me dit la maman, et à donner des adresses utiles quand la conversation le permet. »

 « Le cas le plus difficile que j'ai rencontré est sans doute celui de C. et J., enfants adorables, âgés de 11 mois et 24 mois. Les parents me sont apparus comme des gens sympathiques, sûrs de ce qu'ils souhaitaient pour leur famille...

Trois mois après l'accueil des enfants chez moi, ils m'ont annoncé leur séparation : ils avaient opté pour une garde alternée des enfants, et chacun donnait l'impression de vouloir gérer la situation au mieux de l'intérêt des petits.

Malgré leur bonne volonté, des difficultés sont très vite apparues :
– le papa était souvent en désaccord avec la maman quant à l'attitude à adopter avec les enfants, ils avaient du mal à en discuter, et il s'est installé petit à petit comme un climat de rivalité entre eux ;
– il tenait à ce que le calendrier des tours de garde soit scrupuleusement respecté, malgré les horaires difficiles de la maman : les enfants pouvaient avoir à se lever à 5 h du matin, se coucher à 23 h, et les journées chez la nounou pouvaient aller jusqu'à quinze heures de garde ! Le rythme de vie des enfants est vite devenu épuisant ;
– la semaine de tour de garde pour chacun des parents se terminait le lundi matin : donc, lorsque la maman commençait à 6 h, elle déposait les enfants chez leur père à 5 h 30 : dans ces conditions, le passage des enfants d'un parent à l'autre était souvent difficile, les échanges entre les deux parents

étaient très succincts à cette heure matinale, et bien souvent insuffisants, au point qu'il était fréquent que celui qui récupérait les enfants ne pouvait savoir si la semaine précédente s'était bien passée ;
– la maman semblait mal supporter la séparation : je la voyais fatiguée, elle maigrissait à vue d'œil, et avouait avoir des difficultés à gérer les deux bébés et son enfant plus âgé.

Des incidents se sont accumulés, et j'avais bien du mal à prendre du recul. Je traitais avec le parent concerné le problème qui se posait, il me semblait chaque fois que le parent en question avait pris conscience de la difficulté, mais les choses ne s'arrangeaient pas, au point que j'ai décidé de tenir un tableau de bord :

1er décembre : semaine du papa

J. est enrhumé depuis deux mois, sous Primalan à partir d'aujourd'hui. Il est très fatigué : quatre heures de dodo le matin, s'est réveillé de lui-même, deux heures l'après-midi, je l'ai réveillé. Bébé ronchon, ne veut pas jouer. Le papa me confirme le soir qu'il l'avait aussi trouvé très fatigué la veille : il l'avait couché à 19 h 30.

Je remarque depuis quelque temps que bébé a des bleus sur le corps, qui se répètent assez souvent. Le papa me dit alors que les enfants se battent, et que même l'aîné de son épouse, âgé d'une douzaine d'années, bat les plus petits. "[Il] n'est pas d'accord avec ça, mais [sa] femme est au courant."

...

22 janvier : semaine de la maman

Je garde les deux enfants aujourd'hui. Le plus grand est enrhumé. La maman me signale qu'il a toussé la veille et a "sans doute" eu de la fièvre : pas d'antipyrétique.

14 h : 38,6° C ☞ Doliprane emprunté à un autre enfant du même âge (200 mg).

Je téléphone à la maman qui me demande d'emmener le petit chez le médecin : Rhinopharyngite, début d'angine, inflammation de l'oreille gauche. Mise sous antibiotique.

19 h : 38,2° C ☞ 12 kg Advil + médicaments.

25 janvier : semaine du papa

Le papa me signale que les deux enfants ont été malades la nuit, 39° C de température pour le plus grand, le petit a toussé toute la nuit et est enrhumé. Aucun traitement.

28 janvier : semaine du papa

Bébé est très enrhumé et très fatigué. Dodo du matin : 9 h à 14 h !

6 février : semaine du papa

Le plus grand tousse depuis une bonne semaine. Signalé au papa et à la maman : pas de traitement !

9 février : le plus petit est très enrhumé, tousse depuis hier : pas de traitement.

7 mars : le papa me signale que bébé a beaucoup toussé la nuit, *a oublié le traitement*, je nettoie le nez au Physiomer.

20 mars : semaine du papa

Bébé a eu une double otite avec forte fièvre du vendredi au dimanche. Le papa m'amène une ordonnance au nom de son aînée et les médicaments.

27 mars : semaine de la maman

Les enfants sont très fatigués. Le plus grand a une conjonctivite depuis la semaine précédente et est très enrhumé. Pas de traitement.

28 mars : les enfants sont toujours très fatigués. La conjonctivite du plus grand est plus prononcée. La maman me dit qu'elle doit aller chercher les gouttes antibiotiques à la pharmacie. Pas de soins pour aujourd'hui. Je lave les yeux de l'enfant à l'eau tiède.

Garde de 7 h 30 à 21 h 45.

Bébé a vomi dans son lit le matin. Pas de fièvre.

11 avril : bébé très fatigué. Dort douze heures la nuit plus quatre à cinq heures dans la journée. Mange très peu.

12 avril : arrivée à 13 h. Bébé est très ronchon. La maman me signale qu'il a dormi de 22 h la veille à 10 h le matin, puis de 11 h à 12 h 30, ne veut pas manger.

Effectivement, bébé très ronchon le reste de la journée, mange un yaourt, dodo de deux heures en suivant. Ne veut pas goûter.

24 avril : semaine de la maman

La maman semble exténuée, énervée : les bébés ont fait une grosse bêtise avant de partir chez nounou (vers 11 h). La maman, fatiguée, s'était endormie sur le canapé. Les petits en ont profité pour attraper les produits d'entretien sous l'évier et les répandre par terre. La maman ne semblait pas consciente du danger si les enfants avaient eu l'idée de porter les bouteilles à la bouche, elle parlait surtout de sa fatigue et du temps qu'il avait fallu pour tout nettoyer. Mais les enfants n'étaient pas en sécurité, livrés à eux-mêmes dans la maison.

22 mai : semaine de la maman

La maman a déposé bébé à 6 h du matin, habillé d'un pyjama si sale qu'il était difficile de définir ce qu'il y avait dessus. Elle s'excuse de ne pas avoir pu changer l'enfant, elle vient de le récupérer chez le papa dans cet état, il a vomi dans la nuit, ses cheveux et son vêtement en sont imprégnés. Il semble qu'il ait mangé le contenu de son siège auto la veille.

La maman ne peut me dire si le bébé a vomi aussitôt après, plusieurs heures après, une ou plusieurs fois, personne n'a appelé le centre anti-poison.

Je l'informe que je vais m'occuper de laver le bébé, mais que j'appelle le centre anti-poison dès que possible. Je lui demande de se renseigner auprès du papa sur la manière dont se sont passées les choses.

La maman a également oublié le sac et les couches, je n'ai plus de vêtements de rechange. Je me débrouille donc avec les affaires des autres enfants que j'ai en garde.

12 septembre : semaine de la maman

La situation devient plus compliquée. Le comportement des enfants empire. L'aîné est très agressif, attire l'attention sur lui en permanence, par des cris, des bêtises... Il monopolise beaucoup de temps et d'énergie au détriment des autres enfants que j'ai en garde. Bébé n'est plus seulement ronchon et fatigué, il est aussi très angoissé. Il peut se mettre subitement à pleurer à gros sanglots, sans raison apparente, et je sais que ce ne sont pas des cris de douleur.

La maman ne semble plus connectée à la réalité, elle peut parler avec moi de tout et de rien, sans émotions apparentes, pendant que son bébé pleure à chaudes larmes à ses pieds, elle ne semble même pas le voir. Je commence à penser qu'elle prend peut-être des tranquillisants...

Je me sens impuissante : il est pour moi très difficile de gérer le plus grand tout en m'occupant correctement des autres bébés, et je remarque qu'il adopte avec sa maman un comportement d'adulte (c'est lui qui gronde le plus petit quand c'est nécessaire par exemple) ; je ne sais plus quoi faire pour le plus petit, alors je le prends simplement dans mes bras quand ça ne va pas, il met sa petite tête dans mon cou, et petit à petit il se calme, mais je ne peux pas être disponible pour lui à cent pour cent.

Je décide alors d'appeler les services de PMI pour les informer de la situation. J'ai le sentiment que ces petits ont besoin d'une aide et d'une surveillance que je ne peux leur apporter, et que mon travail auprès des autres enfants dans ces conditions n'est pas celui que je souhaiterais. Je pense qu'il est préférable de rompre le contrat : il serait trop facile et irresponsable d'attendre que les enfants soient scolarisés ; je serais alors déchargée du problème, mais j'aurais l'impression de ne rien avoir tenté pour eux.

Après quelques difficultés, j'ai réussi à joindre le médecin de la PMI de mon secteur. Nous avons discuté longuement, et elle est d'accord sur le fait que cette famille a besoin d'aide. Elle me propose de se mettre en relation avec la PMI du domicile des parents, pour leur parler de cette situation. De mon côté, je vais demander un entretien aux parents, les informer de mon intention de rompre le contrat, sans leur imposer de préavis, de manière à ne pas les mettre au pied du mur et à leur laisser le temps de trouver une solution de remplacement. Je leur conseillerai alors de se mettre en contact avec les services PMI de leur secteur qui pourront les aider à trouver un moyen de garde plus adapté pour leurs enfants.

J'ai appris quelques mois plus tard que la maman bénéficiait d'une assistance éducative. »

Ces petits bouts, ils avaient tous besoin de rencontrer des adultes responsables, qui les regardent réellement, qui tiennent compte de leur ressenti, de leurs souffrances...

Ne fermons pas les yeux, ne détournons pas la tête, ces situations, nous pouvons les appréhender, y faire face quels que soient les sentiments qu'elles nous inspirent, et ne pas hésiter à chercher de l'aide auprès des institutions qui nous entourent (Annexe 4). Nous sommes adultes, nous pouvons supporter, agir ; eux, ils sont petits, impuissants, et ont besoin de nous.

Nous devons donc assumer notre rôle jusqu'au bout, même quand c'est difficile.

Mais fort heureusement, ces cas restent isolés, et la plupart du temps, nous avons la joie de regarder les petits grandir tout doucement et dans les meilleures conditions. Et quand tout se passe bien, quand on sait les observer, participer à leur vie, leur évolution, que de bonheurs, que de sourires devant ces premiers pas, ces premiers mots !... Que de tendresse aussi !...

Être assistante maternelle, c'est un métier à part entière !

Et puis il y a ces assistantes maternelles qui sont arrivées dans cette profession sans forcément de conviction assez solide au départ, et qui se sont laissé gagner par la monotonie, l'ennui...

Dans certains cas, leur conduite à l'égard des enfants peut dériver, manquer de professionnalisme, elles peuvent parfois être tentées de profiter de cet emploi à domicile pour exécuter des tâches personnelles au détriment des petits qu'elles ont en garde, au point de faire preuve de négligences...

Quand on sait dans quelle mesure l'enfant se construit sur ces premières années de sa vie, on ne peut ignorer que la négligence, ou la maltraitance, quels qu'en soient le degré ou la forme, ne peut qu'avoir des conséquences pour lui.

« Suite à un déménagement, j'ai dû changer de nourrice. Donner mon enfant à garder la première fois avait déjà été une épreuve particulièrement difficile pour moi. Pour mon plus grand bonheur, j'ai pu m'adapter à cette nouvelle situation tout doucement, grâce à la patience de ma nounou, qui dialoguait beaucoup avec moi, me recevait une demi-heure plus tôt le matin, et ce pendant plusieurs mois, pour que je puisse prendre le temps de me séparer de mon enfant, m'autorisait à téléphoner dans la journée si j'étais trop angoissée pour prendre des nouvelles de mon petit garçon, et ne manquait pas de me faire partager, autant que possible, les journées de mon bébé, en me racontant le soir le déroulement de la journée... Nous avons beaucoup partagé ces dix-huit premiers mois, des liens de réelle confiance se sont créés, et lorsqu'il a fallu que je m'en sépare, mon appréhension n'en a été que plus grande.

J'ai passé plusieurs mois à rechercher une nouvelle assistante maternelle, et mon choix s'est finalement arrêté sur Mme T... J'avais fini par me convaincre que je ne retrouverais sans doute pas la même personne, mais qu'elle pourrait peut-être apporter autre chose à mon fils.

Malheureusement, mes angoisses n'ont fait que se concrétiser les mois suivants.

Très rapidement, Mme T. m'a demandé de ne pas m'attarder le matin. J'ai donc pris sur moi de laisser mon enfant en quelques minutes seulement, et ce malgré ses pleurs.

Elle a ensuite refusé de le coucher le matin, alors qu'il avait l'habitude de dormir au moins une heure et demie, sous prétexte qu'aucun des autres enfants qu'elle avait en garde ne dormait le matin. Ce nouveau rythme pour bébé a été difficile à adopter, il était bien sûr ronchon et agité, ce qui me valait les remarques de sa nounou. Les autres enfants, eux, ne pleuraient jamais, et regardaient sagement une cassette à la télévision.

Lors de notre départ, ma première nounou nous avait offert en souvenir un petit album qui contenait les photos des copains et d'elle-même avec mon fils. Mon bébé me demandait le matin d'emmener cet album chez sa nouvelle nounou. Je me suis alors heurtée à la réticence de Mme T., qui ne souhaitait pas que ces photos suivent le bébé, sous prétexte qu'il allait les abîmer.

En réalité, elle manifestait régulièrement son mécontentement chaque fois que mon enfant prononçait le prénom de son ancienne nounou ou de ses anciens copains, elle ne manquait pas de le reprendre : "Non ! Moi, c'est tati, P. ne te garde plus, et ici il n'y a pas tes copains !" Elle me disait en avoir assez d'entendre parler de P. toute la journée. J'ai vivement regretté cette attitude ; j'aurais préféré qu'elle fasse preuve de compréhension à l'égard de mon bébé, qu'elle lui dise par exemple : "Je comprends que ta nounou et tes copains te manquent, tu as passé de bons moments avec eux, montre-moi les photos, raconte-moi... Mais tu verras, chez tati, on s'amusera aussi, et puis ça ira mieux..." Je suis sûre que la transition aurait été plus facile pour mon petit garçon.

Devant ce comportement, mon fils s'est entêté, il faisait parfois exprès de prononcer le nom de son ancienne nounou, et il se sauvait ensuite. Je crois qu'il avait très bien compris la susceptibilité et le point sensible de Mme T.

Il m'a semblé que la situation n'a fait qu'empirer ensuite : je l'ai vue proposer un gâteau aux autres enfants et ne pas en donner au mien. Elle l'ignorait quand il lui parlait ou réclamait quelque chose...

Il a fallu plus de trois mois pour que mon petit garçon ne pleure plus le matin, mais il est toujours fou de joie quand il voit ma voiture arriver et il se précipite sans tarder pour quitter sa nounou, et même les copains. Aujourd'hui, il semble ne plus chercher la relation avec sa nounou, il n'accepte pas qu'elle lui parle, et ne supporte aucun câlin de sa part. J'ai aussi le sentiment qu'il s'isole beaucoup plus dans ses jeux, même à la maison où il ne manquait jamais de m'interpeller de temps à autre...

Et tous ces détails qui m'agacent tant ! Les fesses de mon bébé irritées tous les soirs – le change-t-elle assez souvent ? Le fait qu'il soit affamé quand je le récupère – mange-t-il assez ? Ce jour où le papa est arrivé plus tôt : la nounou était partie à l'école chercher d'autres enfants, quand mon mari est arrivé, les bébés étaient attachés dans la voiture fermée, alors qu'il faisait 28° C, sans eau, et la nounou était en pleine conversation à cinquante mètres de là. Mon fils pleurait, il transpirait, les autres enfants ne disaient rien...

Je suis désemparée, je ne vois aucune solution : chercher encore quelqu'un d'autre, pour quelques mois seulement, supporter cette situation avec l'inquiétude qui me tenaille toute la journée, m'interroger sur les conséquences qui découleront de cette période pour mon fils... »

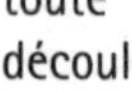 « Lorsque je me suis décidée à rechercher une autre nounou, j'étais angoissée, je me sentais coupable d'avoir laissé la situation perdurer depuis plus de six mois. Cette

démarche était très difficile pour moi. J'avais besoin d'écoute, de compréhension.

Je n'en pouvais plus de me poser des questions :

- ces bleus répétés sur les jambes de mon enfant, alors qu'il ne marchait pas ;
- ces séjours prolongés dans le parc, malgré les cris et les larmes : "Il commence à se déplacer, disait la nounou, et il risque de tout toucher dans le salon" ;
- ces négligences : je venais de garder mon fils une semaine pour une pneumopathie ; je l'ai ramené chez sa nourrice en lui demandant de ne pas le sortir le premier jour parce qu'il toussait encore un peu ; malgré mes recommandations, elle a emmené sa fille à l'école avec l'enfant, par -5° C, et s'est attardée une bonne vingtaine de minutes pour parler avec des nourrices rencontrées sur le parking ;
- les enfants plus grands qui racontaient : "Aujourd'hui, N., il a pleuré longtemps, longtemps, dans le parc, et à la fin il s'est endormi..." ;
- le papa de cet autre enfant en garde qui racontait ce jour où il est arrivé une heure plus tôt que prévu : "Je frappais, et personne ne répondait ; je me suis alors permis d'entrer : la nounou repassait dans une pièce du fond et les enfants, qui avaient terminé leur sieste depuis longtemps, attendaient chacun dans leur lit" ;
- et encore cette "indifférence" à l'égard de mon aîné, alors scolarisé, mais qu'elle avait pourtant gardé plus de deux ans, au point de me demander de ne pas m'attarder quand je venais récupérer mon bébé si son grand frère était présent parce qu'il y avait trop de bruit : j'en étais blessée et atten-

dais plus de considération pour mon fils aîné ; j'aurais préféré qu'elle lui fasse un bisou, qu'elle lui demande comment s'était passée sa journée, quitte à lui demander d'être plus sage quand il venait la voir...

J'ai donc décidé le changement de garde, rongée de culpabilité, n'osant signaler la situation malgré les conseils de ma nouvelle nourrice, par peur des conséquences, par peur d'avoir mal jugé... Je me sens mieux aujourd'hui, je sais que mon enfant est bien, mais il n'est pas si facile de savoir qu'il y a encore des enfants en garde chez cette nourrice... »

 « Je ne peux aujourd'hui qu'exprimer ma révolte, mon indignation et mon impuissance quand j'évoque l'histoire de cette femme, qui se revendiquait assistante maternelle, mais qui n'avait rien de professionnel : combien de fois nous sommes-nous rendu compte qu'elle amenait notre bébé pour ses courses personnelles, quels que soient le temps et l'heure ? Quelle n'était pas notre angoisse lorsque nous constations l'agitation qui régnait dans la maison ? Il ne pouvait en être autrement, il y avait jusqu'à six enfants présents, dont quatre de plus de 3 ans : elle gardait, non déclarés, des enfants en péri-scolarité, qu'elle allait bien sûr chercher à la sortie de l'école (où donc étaient les bébés qu'elle avait en garde pendant ce laps de temps ?)...

Jusqu'à ce jour où je suis arrivé un peu plus tôt pour récupérer mon fils. Personne ne répondait, alors je suis entré : mon bébé était dans la salle de séjour, au milieu de trois autres enfants en bas âge qui s'agitaient autour de lui ; les enfants étaient seuls et un feu brûlait dans la cheminée, sans aucune protection : l'assistante maternelle était partie faire une course en laissant les enfants "sous la surveillance" de sa fille adolescente, qui était elle-même dans une autre pièce, occupée à l'ordinateur.

J'ai alors décidé de rompre le contrat, sans préavis, et de licencier cette personne pour faute grave. Notre affaire a été jugée, et, bien que l'assistante maternelle ait déjà été signalée par d'autres parents, j'ai été débouté ! Je n'avais aucune preuve réelle !

Par contre, elle n'a pas manqué de réclamer le paiement des vendredis après-midi qu'elle m'avait demandé de prendre pour aller voir sa mère hospitalisée dans un autre département. À ses dires, ces demi-journées de congé avaient été imposées par moi, et je les lui devais : nous n'avions ni l'un ni l'autre de preuve réelle, mais j'ai dû m'acquitter !

Pour notre deuxième enfant, l'un de nous prendra un congé parental si notre bébé ne peut être accueilli en crèche. »

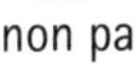 « Ma sœur pratique le métier d'assistante maternelle, non par passion, mais par commodité plutôt, et je ne pourrais dire le nombre de fois où elle a pu me prouver à quel point elle n'était pas épanouie dans son travail ! On ne peut pas dire qu'elle soit maltraitante avec les enfants, elle ne les frappe pas, ne les bouscule pas a priori, mais il y a dans son attitude à leur égard une sorte d'indifférence froide, de mépris parfois... Je pense notamment à ce petit garçon qu'elle n'appelle jamais par son prénom sous prétexte qu'elle ne s'en souvient pas ! Il est évident que c'est impossible puisqu'elle a

au moins une fiche d'inscription : alors, quand elle s'adresse à lui, c'est : "Viens là le gros, au lit le gros" ; et quand je m'étonne de ce surnom qui, à mon goût, n'a rien de gentil : "Ça, au moins, je m'en rappelle, puisqu'il est gros !" Cette attitude me choque, il y a quelque chose de dégradant pour le petit dans cette relation, mais elle semble ne pas s'en apercevoir. »

Ces témoignages montrent d'une part à quel point il ne faut pas négliger les entretiens : il faut oser poser les bonnes questions, aussi délicates soient-elles, et demander à visiter la maison, ou au moins les lieux qui seront accessibles à l'enfant : les endroits où il va se reposer, jouer...

Ils laissent penser d'autre part qu'il serait bien d'approfondir certains points de la formation de ces assistantes maternelles, notamment en ce qui concerne la relation avec les parents, la sensibilisation aux conséquences d'un manque de surveillance, de négligences ou de maltraitance pour un enfant. Au minimum, un bilan individuel serait sans doute pertinent à l'issue de la formation obligatoire, ce qui permettrait peut-être de mieux cerner les manques ou les failles pour certaines d'entre elles. Une formation complémentaire pourrait alors être envisagée, ou des visites plus fréquentes à leur domicile pour les guider dans l'exercice de leur profession, au moins dans les premiers temps. Dans les cas les plus extrêmes, un refus d'agrément pourrait s'imposer.

Bien sûr, je suis consciente qu'il y a là des impératifs de budget, d'organisation, peut-être de manque de personnel, mais, au vu de la pénurie des moyens de garde pour les enfants, et des conséquences que peuvent avoir ces manques de professionnalisme parfois, ne serait-il pas judicieux d'investir des moyens conséquents et cohérents pour que les formations proposées soient complètes, diplômantes, et donc valorisantes ? Ne sommes-nous pas des professionnels de la petite enfance à part entière ?

Bien sûr, tout ne peut pas toujours être pressenti, évité. Mais beaucoup reste à faire pour perfectionner ces agréments, établir un profil pour ces professionnels de la petite enfance, essayer de mieux cerner leurs motivations réelles : on ne devient pas assistant maternel par commodité, il faut qu'il y ait aussi cet amour inconditionnel pour les enfants, cette prise de conscience des difficultés que l'on peut rencontrer, que ce soit avec les enfants, leurs parents, ou notre propre faculté à gérer les relations, les doutes…

Ce que l'on peut retenir également de l'ensemble de ces histoires, c'est qu'il est nécessaire et primordial de maintenir le dialogue, d'exprimer ses malaises, de faire les bonnes remarques au bon moment, de manière à pouvoir anticiper des situations plus difficiles. Il n'est jamais anodin de rompre un contrat, et, s'il n'y a pas d'autres solutions, il faut le faire, autant que possible, dans les « meilleures conditions ».

Les méthodes ou les façons de voir de l'assistante maternelle peuvent ne pas convenir, et les parents ne pas se sentir à l'aise : on devrait alors pouvoir être capable d'appréhender ces situations sans rancœur, d'amorcer un dialogue, et d'envisager des solutions plus adaptées, que ce soit pour l'enfant ou pour ses parents.

Mais ne soyons pas pour autant trop alarmistes, ne tirons pas de conclusions hâtives : ce mode de garde reste une expérience qui peut être formidable pour l'enfant et ses parents, il peut s'établir une relation privilégiée et constructive pour ces tout-petits qui feront là leurs premières expériences d'ouverture sur le monde.

Les structures actuelles offrent de multiples possibilités d'ouverture sur l'extérieur pour ces assistantes maternelles (autrefois effectivement isolées dans leur profession), que ce soit par leur formation, par l'intermédiaire de diverses associations, par des contacts avec des structures professionnelles (Annexe 4), ou encore grâce à l'existence de revues professionnelles ou divers ouvrages (Annexe 5).

Il leur est toujours possible aujourd'hui, quel que soit le moyen choisi, d'avancer, de s'informer, de dialoguer, de partager, et bon nombre d'assistantes maternelles font preuve de dynamisme, de motivation, et même d'originalité parfois dans leurs démarches personnelles pour agrémenter leur travail.

D'ailleurs, les témoignages évoqués tout au long de cet ouvrage démontrent aussi que chaque parent, chaque enfant et chaque assistante maternelle peut se retrouver dans toute une diversité de méthodes ou d'habitats : ce n'est pas un superbe environnement qui fera la qualité de l'accueil de l'enfant, ce n'est pas non plus une quantité invraisemblable de jouets qui le rendra heureux, mais essentiellement sa relation à la personne qui s'occupe de lui.

Les méthodes, les relations, les manières d'exercer ce métier peuvent être très différentes d'une assistante maternelle à l'autre, mais chacune peut apporter quelque chose de positif et d'enrichissant à votre enfant, à condition que vous soyez en accord avec elle, que vous adhériez à ce qu'elle avance, que le courant passe. Il est important, je crois, de considérer cette personne dans sa globalité.

L'important pour les parents est de bien cerner ce qu'ils attendent de leur assistante maternelle, ce qui leur convient le mieux dans leur optique d'éducation et d'amour pour leur enfant.

De même, les assistantes maternelles se doivent d'être claires avec les parents quant à leurs convictions personnelles, leurs motivations et leur façon de travailler.

Tout, ou beaucoup, se joue dès le départ, dans le choix du mode de garde, dans le ressenti des parents par rapport à la personne qu'ils rencontrent, dans leurs convictions personnelles, leurs aspirations pour leur bébé.

J'ai eu rencontré des assistantes maternelles qui ne proposaient aucune activité particulière à leurs bambins, et pourtant, il y avait tant d'amour et de considération pour eux que les bébés s'épanouissaient parfaitement bien. Peut-être ces nounous s'apparentent-elles plus à des taties, mais pourquoi pas ?

Dès lors, tout devrait bien se passer. C'est ce qui arrive, d'ailleurs, la plupart du temps. D'ailleurs, ce mode de garde est le plus proche du modèle familial donc, à mon sens, celui où le bébé, surtout tout jeune, est à même de se sentir bien. Très souvent, des liens se créent entre les deux familles, au moins sur ces trois premières années et, même si l'on se perd de vue ensuite, il reste de très bons souvenirs.

Conclusion

Quand je considère ma vie professionnelle au travers de toutes ces rencontres, de toutes ces expériences vécues, qu'elles soient formidables ou difficiles, je me dis que pour rien au monde je ne changerais de métier !

On peut taxer cette profession d'ingrate, parce que mal rémunérée, et mal considérée pour un investissement personnel tellement important en termes de temps de travail, d'énergie et de responsabilités. Mais on ne pourra jamais dire que les journées manquent d'intérêt, et qu'il n'y a aucun enrichissement personnel à rester chez soi, isolée.

Le minimum requis, c'est bien sûr d'aimer le contact avec les enfants, d'avoir cette envie de travailler dans la petite enfance. Mais pour peu que l'on s'engage dans cette voie avec sérieux, motivation et ouverture d'esprit, on pourrait presque se plaindre de ne pas avoir le temps de tout faire !

Il y a tellement de changements chez ces petits bonshommes les premières années de leur vie, tant d'aspects à considérer, tant de choses à leur apporter en plus de notre amour et de notre patience ! Et si l'on a la chance d'accueillir plusieurs enfants, les expériences n'en sont que plus riches : toutes les rencontres sont différentes : les personnalités des parents, les enfants eux-mêmes, les cultures, les formes d'éducation, les besoins…

On ne garde pas seulement des enfants, on observe, on s'interroge, on apprend, on innove, on construit avec les parents. Je pense même que, dans une telle profession, on est en besoin constant de formation : si l'on songe à l'enfant dans sa globalité, avec ses besoins, sa complexité, sa psychologie, ainsi que les relations que nous avons besoin d'établir avec ses parents, on ne connaît que bien peu de choses au départ.

Notre propre expérience compte bien sûr, mais ce que l'on apportera aux enfants à travers elle ne peut être que subjectif. Nous avons absolument besoin de connaissances plus générales et plus théoriques sur le jeune enfant, sa relation avec ses parents et les autres.

Il restera toujours une part d'incertitude dans ce métier, puisqu'il est essentiellement basé sur les relations humaines, et qu'il n'y a pas toujours de règles en la matière ; et puis, une relation évolue toujours, au gré des événements, en fonction de chacun… Au fil du temps, ce sont de véritables petites histoires de vie que l'on partage, et il peut s'en passer des choses dans une vie !

Je crois sincèrement qu'avec le temps notre métier ne sera plus autant banalisé. La convention collective de 2004 a déjà apporté bien des améliorations : nous voyons nos conditions de rémunération, de retraite, évoluer. Nous bénéficions de plus de protection et sommes aujourd'hui considérées comme des salariées à part entière.

Mais des progrès sont encore à faire, nous devons toujours avancer : il serait bien, par exemple, d'avoir accès à des formations sous forme de modules, de manière à mieux répondre aux besoins et aux aspirations de chacune, puisque nos formations initiales respectives et notre expérience peuvent être très variées.

Plus nos qualifications seront ciblées sur la petite enfance et effectives, plus nous serons reconnues comme des professionnelles à part entière, et c'est à partir de là seulement, je pense, que la perception de notre métier commencera à changer vraiment dans les esprits.

J'espère avoir soulevé les bonnes questions, avoir ouvert les bons débats, et surtout, avoir suscité des vocations, pourquoi pas ?

ANNEXE 1
À savoir

1. Aide à la famille pour l'emploi d'une assistante maternelle agréée

(ces chiffres, valables au 1er janvier 2007, sont susceptibles d'évoluer)

Conditions

– l'enfant gardé a moins de 6 ans ;
– l'assistante maternelle accueille l'enfant chez elle et doit être agréée par les services de Protection maternelle et infantile ;
– le salaire brut versé à l'assistante maternelle par jour et par enfant ne doit pas dépasser 42,20 euros, soit cinq fois le SMIC horaire brut. À ce salaire s'ajoutent les indemnités d'entretien, et éventuellement les frais de repas.

Montant de l'aide

Montant maximum versé par trimestre pour un enfant né avant le 1er janvier 2004	
Revenu annuel imposable 2005*	Enfant gardé de moins de 3 ans
inférieur à 13 839 €	109,34 €
de 13 839 € à 19 029 €	86,44 €
supérieur à 19 029 €	71,63 €

* Les seuils variables en fonction du nombre d'enfants à charge sont ici indiqués pour une famille d'un enfant.

Montant de la prise en charge pour un enfant né après le 1er janvier 2004			
	Revenus		
Enfant(s) à charge	Inférieurs à	Ne dépassant pas	Supérieurs à
1 enfant	15 123 €	33 606 €	33 606 €
2 enfants	17 411 €	38 692 €	38 692 €
3 enfants	20 158 €	44 795 €	44 795 €
Montants mensuels maximums de la prise en charge			
Âge de l'enfant	Rémunération directe du salarié		
moins de 3 ans	374,75 €	267,69 €	160,60 €
de 3 ans à 6 ans	187,39 €	133,86 €	80,30 €

2. Durée du travail des assistantes maternelles

– Durée quotidienne maximale : 13 heures.
– Durée hebdomadaire maximale : 48 heures (sauf accord du salarié).

3. Indemnité d'entretien

– Jusqu'à 8 heures d'accueil par jour et par enfant : 2,69 € non proratisables.
– À partir de 9 heures d'accueil par jour et par enfant : 0,30 € de l'heure.
– L'indemnité de repas est à négocier.

4. Salaires minimaux

– Rémunération horaire brute minimale par enfant : 2,33 €.
– Rémunération horaire nette minimale par enfant : 1,80 €.
– Heure complémentaire : 2,33 €.
– Heure majorée : à négocier avec l'employeur.

5. SMIC brut

(ce chiffre est susceptible d'évoluer chaque année)

8,44 € depuis le 1er juillet 2007.

6. Crédit d'impôt

Si votre enfant est gardé à l'extérieur de votre domicile, et s'il a moins de 6 ans, vous pouvez bénéficier d'un crédit d'impôt qui concerne les dépenses effectivement supportées pour la garde de l'enfant (hors frais d'entretien, nourriture et suppléments exceptionnels).

À compter de l'imposition des revenus de 2006, ce crédit s'élève à 50 % des sommes payées sur l'année, dans la limite de 2 300 € par enfant.

7. La mensualisation : une obligation légale

La loi impose l'application de la mensualisation à toutes les assistantes maternelles.

Loi n° 78-49 du 19 janvier 1978

Art. 1er : les droits nouveaux ouverts par les clauses de l'accord national interprofessionnel, annexé à la présente loi, et relatif à la mensualisation sont acquis, à compter du 1er janvier 1978, aux salariés des professions liées à l'article L. 131-2 du Code du travail…

Art. L. 131-2 : les dispositions du présent titre s'appliquent aux professions industrielles et commerciales…, aux travailleurs à domicile, aux assistantes maternelles…

D'après la convention collective, le calcul du salaire mensualisé s'effectue différemment selon que l'enfant est gardé sur une année complète ou incomplète. Il faut savoir que :
– le terme année ne se réfère pas à l'année civile, mais à chaque période de 12 mois consécutifs à compter de la date d'embauche ;
– l'accueil sur une année complète est défini sur 52 semaines, y compris les congés payés de l'assistante maternelle, soit un accueil effectif pendant 47 semaines. Le fait que l'assistante maternelle n'ait pas acquis 5 semaines de congés payés la première année n'empêche pas l'application de cette formule.

1. Calcul de la mensualisation pour un accueil sur une année complète

$$\frac{\textit{Salaire horaire brut X nombre d'heures d'accueil hebdomadaire X 52 semaines}}{12}$$

2. Calcul de la mensualisation pour un accueil sur une année incomplète

$$\frac{\textit{Salaire horaire brut X nbre d'heures d'accueil hebdomadaire X nbre de semaines d'accueil prévues}}{12}$$

À ce salaire devra être ajoutée l'indemnité de congés payés, soit 10 %.

3. Cas particuliers

Le nombre de jours de garde est différent selon les semaines : par exemple 5 jours une semaine, 4 jours la suivante ; on calcule alors la durée de garde hebdomadaire moyenne, soit :

$$\frac{(9 \text{ heures X } 5 \text{ jours}) + (9 \text{ heures X } 4 \text{ jours})}{2} = 40{,}5 \text{ heures}$$

Les parents bénéficient de RTT sous forme de jours isolés étalés sur l'année : dans ce cas,

– la durée de l'accueil peut être définie comme s'effectuant sur 52 semaines, mais on déduira le nombre de jours de RTT sur l'année. Une régularisation devra alors être prévue en fin d'année ;

– le salaire mensualisé peut être déterminé sans tenir compte des jours de RTT, mais ces jours seront déduits du salaire versé lorsqu'ils seront pris.

Les parents bénéficient de semaines de RTT : l'accueil sera alors considéré comme s'effectuant sur une année incomplète.

Annexe 2
Exemples de tarifs et détail des indemnités d'entretien
(chiffres, au 1er juillet 2006)

Tarifs

(Ces tarifs sont indicatifs, ils sont susceptibles de varier d'une assistante maternelle à l'autre et d'évoluer en fonction de l'augmentation du SMIC.)

Tarif horaire		2,59 euros
	+ indemnité d'entretien.	0,30 euro
	Total	**2,89 euros**
Tarif 1/2 journée (jusqu'à 5 heures de garde)		14,08 euros
	+ indemnité d'entretien.	1,35 euro
	Total	**15,43 euros**
Tarif journée (jusqu'à 9 heures de garde)		23,29 euros
	+ indemnité d'entretien.	2,69 euros
	Total	**25,98 euros**
Heure supplémentaire		2,85 euros
	+ indemnité d'entretien.	0,30 euro
	Total	**3,15 euros**

Détail approximatif des indemnités d'entretien

– Consommation gaz
– Consommation eau (hygiène et boisson)
– Produits d'hygiène : savon, lait de toilette, lingettes, coton, mouchoirs…
– Produits pharmacie : pastilles stérilisation, arnica, éosine, alcool, sérum physiologique…
– Renouvellement matériel : biberons, tétines, bavoirs…
– Lessive : draps, linge de toilette, bavoirs…
– Renouvellement matériel activités : gommettes, peinture à doigts, feutres, papiers, pâte à modeler, livres…
– Renouvellement ou achats réguliers de jeux, jouets…

ANNEXE 3

a table!
Lundi
Purée tous légumes
oeuf
Compote d'abricots
Mardi
Mini couscous
escalope de porc
pomme
Mercredi
Blé aux petits légumes
viande de boeuf
Jeudi
Purée de choux à la crème
agneau
kiwi
Vendredi
poisson

ANNEXE 4
Quelques adresses utiles

Sur internet

– www.snpaam.fr : Syndicat national professionnel des assistantes maternelles et assistants familiaux
– www.assistante-maternelle.org
– www.assmat.com : tout pour l'emploi des assistantes maternelles au service des particuliers

Près de chez vous

– *Lieux d'accueil* parents-enfants ou *maisons de la famille et de la parentalité* : les parents peuvent s'y rendre avec les enfants pour simplement faire des rencontres, participer à des activités ou sorties organisées, mais avec la possibilité d'avoir les conseils de professionnels : consultations gratuites avec un psychologue une ou deux fois par mois par exemple. *Se renseigner auprès de la mairie de votre commune ou communes environnantes.*

– *Écoles de parents* : y sont assurées des consultations avec des psychologues pour les parents avec ou sans leurs enfants. Cette structure joue aussi le rôle de médiateur familial, elle peut sur demande intervenir régulièrement au sein de structures d'accueil d'enfants pour des conférences-débats avec les professionnels de la petite enfance et les parents, et elle intervient pour les formations d'assistantes maternelles. *Se renseigner auprès de la mairie de la ville la plus proche.*

– *Centre de protection maternelle et infantile (PMI)* : on peut y rencontrer des médecins, des puéricultrices, des éducatrices jeunes enfants, des sages-femmes, des psychologues, des psychomotriciens, qui accueillent et aident les parents et leurs enfants. Ils assurent :

– les consultations pour enfants et adolescents ;
– les consultations prénuptiales ;
– les permanences en PMI pour les jeunes parents avec leur bébé : écoute, conseils ;
– la planification des naissances ;
– l'éducation familiale ;
– la surveillance des grossesses ;
– la prévention et le dépistage des maladies sexuellement transmissibles ;
– les vaccinations ;
– ils interviennent auprès des assistantes maternelles agréées : demandes d'agréments, visites, conseils..., et sont à même de conseiller et d'orienter les parents dans le choix de mode de garde d'un enfant ;
– les bilans de prévention et dépistages en maternelle, suivis d'un entretien avec au moins l'un des parents, au cours duquel on aborde le comportement à l'école, à la maison, les limites à imposer, le sommeil, l'alimentation ;
– le traitement et le signalement des enfants en danger.

Se renseigner auprès de la mairie de votre commune.

ANNEXE 5
Un peu de lecture

ASSMAT

Une revue spécialisée pour les assistantes maternelles : de l'information, des nouveautés, des dossiers…

ASSMAT 67, rue de l'Aqueduc
75010 Paris
Tél. : 01 40 35 17 11

Les guides de l'ASSMAT

Les droits et obligations des assistantes maternelles.

Assistantes maternelles magazine

Une revue professionnelle à feuilleter agréablement pour s'informer (rubriques juridique, médicale, dossiers sur diverses questions concernant la petite enfance…), trouver de bonnes idées, avoir un contact avec des professionnels (rubrique courrier, permanences téléphoniques)… Disponible en kiosque.

Abonnement : *Assistantes maternelles magazine*
64, avenue Gabriel-Péri
91600 Savigny-sur-Orge

Boris Cyrulnik, *Les Vilains petits canards,*
Éditions Odile Jacob, 2001
Pour comprendre comment l'enfant peut se construire, ou mal se construire, au travers de ses liens affectifs, puis par l'expression de ses émotions.

Christine Schuhl, *Vivre en crèche : remédier aux douces violences,* Paris, éd. Chroniques sociales, 2003.

Robert Bélanger, *Vinaigre ou miel : comment éduquer son enfant,* Saint-Laurent, éd. Robert Bélanger, 1974.

ANNEXE 6
L'engagement réciproque

L'annexe n° 4 de la convention collective du 1er juillet 2004 propose un modèle d'engagement réciproque par lequel « les futurs employeurs et salariés se mettent d'accord sur le principe de la conclusion à un moment donné d'un contrat de travail relatif à l'accueil d'un enfant ».

Y sont stipulées :

– la date d'embauche ;
– la durée mensuelle de l'accueil ;
– la rémunération brute.

En cas de non-respect de cet accord de principe, la partie fautive (les parents ou l'assistante maternelle) sera redevable à l'autre d'une indemnité égale à un demi-mois de salaire mensuel brut prévu.

Cependant, la rédaction de cette annexe comporte potentiellement un risque de fraude. En effet, interprété strictement, il s'agit d'un engagement à conclure un contrat (il est convenu d'une promesse d'embauche avec signature de contrat), et non à donner ou recevoir un enfant.

Avec mauvaise foi, une partie pourrait conclure le contrat et ne pas confier ou accueillir l'enfant, puis soutenir que l'engagement réciproque a été tenu.

Pour éviter toute ambiguïté, il faudra également prévoir que l'indemnité sera due si, ayant signé le contrat de travail, l'une des parties n'en commence pas l'exécution. La convention collective ne fixant qu'un modèle, rien n'interdit de modifier le texte qu'elle propose, dans un souci de clarté.

Modèle d'engagement réciproque

Suite au contact pris ce jour … / … / …
Entre
Monsieur, Madame..
Adresse : ....
Téléphone : ....

Et
Madame (assistante maternelle) ....
Adresse : ....
Téléphone : ....

Pour l'accueil de l'enfant : ....
Il est convenu d'une promesse d'embauche avec signature
d'un contrat de travail à compter du ....
Sur les bases suivantes :
– durée mensuelle de l'accueil : ....
– rémunération brute : ....

Si l'une des parties décide de ne pas donner suite à cet accord de principe, ou si, ayant signé le contrat de travail, elle n'en commence pas l'exécution par l'accueil ou la remise de l'enfant, elle versera à l'autre une indemnité forfaitaire compensatrice calculée sur la base d'un demi-mois par rapport au temps d'accueil prévu.

Signature du futur employeur
(précédée de la mention « lu et approuvé »)

Signature du futur salarié
(précédée de la mention « lu et approuvé »)

Table des matières

Déjà parus dans la rubrique
« Bébés au quotidien »
de la collection « 1001 BB »

Sous la direction de Marie-Laure Cadart
Les crèches dans un réseau de prévention précoce

Agnès Florin
Modes d'accueil pour la petite enfance

Sous la direction de Sylviane Giampino
À l'écoute des bébés et de ceux qui les entourent

Sous la direction de Danièle Delouvin
Des psychologues auprès des tout-petits, pour quoi faire ?

Samantha Bassilana
Profession : nounou

Sous la direction de Catherine-Juliet Delpy
avec Alain Bentolila, Claudie Cheboldaeff, Frédéric Dajez, Claude Dilain, Agnès Florin, Martine Landron, Martine Le Strat, Quitterie de la Noë
L'enfant de 2 ans est-il un élève ?

Sous la direction de Pierre Delion
Le bébé et ses institutions

Sous la direction de Denis Mellier
avec Vincent Bompard, Nathalie Colas, Patrick Mauvais, Joëlle Rochette, Jocelyne Roux-Levrat, Annick Simon
Observer un bébé : un soin

Myriam David, Sylviane Giampino, Danielle Rapoport, Élisabeth Rigaux, Geneviève Spiesser
Accueillir

Gastronomes en couches
Recettes de grands chefs
réunies par Patrick Ben Soussan

Simone Rubin
Apprivoiser les maladies de bébé

Anne Aubert-Godard, Patrick Ben Soussan, Claude Didierjean-Jouveau,
Léocadie Ekoué, Nathalie Roques, Marie Thirion
Allaiter

Joël Clerget, Hélène Dutertre-Le Poncin, Chantal Fleury,
Alberto Konicheckis, Hubert Montagner, Gyslaine Montanaro
L'accueil des tout-petits

Pierre Denis
Jeux de bébés

Achevé d'imprimer en France par PRÉSENCE GRAPHIQUE
2 rue de la Pinsonnière - 37260 MONTS
N° d'imprimeur : 010822677

Dépôt légal : janvier 2008